NUEVO

españ ... eras

3

ele
Español Lengua Extranjera

SOCIEDAD GENERAL ESPAÑOLA DE LIBRERÍA, S. A.

SGEL

Primera edición, 2006

Produce: SGEL-Educación
Avda. Valdelaparra, 29
28108 Alcobendas (Madrid)

ISBN: 84-9778-172-4
Depósito legal: M. 15.926-2006

Diseño de cubierta: Carla Esteban
Diseño de interiores y maquetación: MonoComp, S. A.
Impresión: Edigrafos, S. A.

Impreso en España - Printed in Spain

CONTENIDO

Introducción 5

Unidad preliminar 8

Unidad 1: ¿Qué significará el sueño que tuve anoche? 9

Unidad 2: Dijo que estaba enfermo y que fueras tú por él 20

Unidad 3: ¿Como es que se escribe con x, pero se pronuncia con j? 29

Unidad 4: ¡Como no...! 37

Unidad A: Repaso 45

Unidad 5: ¡Digan lo que digan! 47

Unidad 6: ¡No es tan increíble como imaginaba! 54

Unidad 7: Deberías haber... 61

Unidad 8: Pues a Pilar últimamente le ha dado por... 70

Unidad B: Repaso 77

Unidad 9: Hacía siglos que no nos veíamos 78

Unidad 10: Cada uno es como es, ¡qué le vamos a hacer! 89

Unidad 11: Aquí se vive mejor 97

Unidad 12: ¡Yo no he dicho eso! 104

Unidad C: Repaso 111

INTRODUCCIÓN

La experiencia de muchos años enseñando español a alumnos extranjeros en una gran diversidad de contextos docentes nos ha demostrado que los materiales didácticos que empleamos para ayudarnos en esta tarea cobran vida a través del entusiasmo y de la creatividad de los profesores/as que los utilizan. No siempre resulta posible reflejar de forma gráfica las ideas sobre actividades que contribuyen a que el proceso de aprendizaje sea dinámico y motivador, porque no todo lo que se hace en el aula se apoya en el material didáctico, sino en la actitud y en la capacidad escénica del profesor/a. Nuestro reto como autores ha sido crear, seleccionar, sistematizar y ordenar muestras de lengua, conceptualizaciones y actividades que constituyen un material didáctico adecuado para el aprendizaje del español. El vuestro –como profesores/as que habéis puesto vuestra confianza en nosotros– será darle vida en vuestras clases y conseguir que vuestros alumnos y alumnas se involucren en el proceso y se metan en las páginas del libro que os presentamos: **Nuevo español sin fronteras 3.**

Esta *Guía didáctica* servirá para explicitar la metodología que subyace, es decir, los principios teóricos y prácticos en los que se apoya nuestra visión del proceso de enseñanza-aprendizaje del español como lengua extranjera; asimismo, haremos todas las sugerencias e indicaciones que no nos ha resultado posible explicitar en el material didáctico y que contribuirán a su explotación.

Esperamos sinceramente que estas indicaciones sirvan de ayuda al profesor/a que se inicia y que aporten algo al ya experimentado.

¿A QUIÉN VA DIRIGIDO?

Nuevo español sin fronteras 3 es un método de español dirigido a adolescentes y adultos que desean alcanzar un nivel avanzado de español que les permita comunicarse con fluidez en un amplio abanico de situaciones y contextos comunicativos, así como comprender textos complejos (literatura, cine, etcétera) y expresar por escrito análisis y comentarios.

¿QUÉ METODOLOGÍA HEMOS SEGUIDO?

La doble consideración de la lengua como sistema y como instrumento de comunicación nos ha llevado a conceder prioridad compartida a los contenidos gramaticales y a los funcionales, como ya hicimos en los niveles primero y segundo de *Nuevo español sin fronteras*. Por ello, hemos intentado un equilibrio metodológico que pocas veces se ha logrado en la enseñanza del español:

- Conocimiento riguroso de los elementos gramaticales y léxicos de la lengua (*qué elementos usamos*);
- Aprendizaje de su empleo en situaciones concretas de comunicación y en contextos funcionales (*para qué y cómo usamos la lengua*).

La metodología, por lo tanto, es gramatical y funcional, ya que el español es una lengua cuya complejidad estructural exige, para su aprendizaje, el desarrollo de actividades que permitan reflexionar sobre el funcionamiento de la lengua; y nuestro empeño ha sido que esta reflexión se lleve a efecto en contextos comunicativos altamente funcionales, por lo que hemos seleccionado y creado muestras de lengua y actividades que ponen al alumno/a en aquellas situaciones en las que se encontrará cuando visite un país de habla hispana.

¿QUÉ CONTIENE?

Un enfoque equilibrado entre las funciones comunicativas y las estructuras gramaticales, presentadas ambas por medio de muestras de lengua real en forma de microdiálogos en los que, al menos, intervienen dos interlocutores y cuya extensión y complejidad se han incrementado en relación con un nivel intermedio de español.

Los *temas* que, en general, coinciden con *funciones* comunicativas, constituyen el punto de partida de cada unidad.

A partir de temas y funciones, desarrollamos la *gramática* y el *vocabulario* con inclusión de variantes hispanoamericanas.

Las *referencias culturales* aparecen integradas a lo largo de cada unidad, aunque hemos aprovechado la última sección, que denominamos *Un paso más,* para ampliar dicha información con textos y actividades sobre 12 películas representativas del cine español e hispanoamericano.

En cuanto a las destrezas lingüísticas, están integradas y nunca aparece una sola. Nuestro objetivo es que lo que los alumnos aprendan se parezca lo más posible a la realidad, sin olvidar, claro está, que el aula responde siempre a una ficción de esa realidad.

¿CUÁL ES SU ESTRUCTURA?

El libro se compone de doce unidades y cada una de ellas está estructurada en siete secciones:

Pretexto

Selección cuidada de minidiálogos funcionales bien contextualizados.

Esta sección introduce los nuevos contenidos que van a desarrollarse en la unidad, y pone al alumno/a en contacto directo con muestras de lengua viva (orales y escritas) del español estándar en contextos reales de comunicación. De entre las destrezas lingüísticas, se priorizan la comprensión auditiva y la comprensión lectora.

Vamos a reflexionar

Esquemas gramaticales claros que explican de forma sucinta, pero completa, el funcionamiento de la lengua: las estructuras gramaticales necesarias para llevar a cabo las funciones lingüísticas propuestas en los diversos contextos comunicativos.

Cada esquema va acompañado de ejemplos claros y contextualizados con, al menos, dos interlocutores y dos o más turnos de palabra.

Por supuesto, no es una sección cerrada, con lo cual cada docente puede completarla con sus propios esquemas y ejemplos.

Vamos a practicar

Conjunto de actividades variadas para la práctica y consolidación de los elementos lingüísticos y funcionales introducidos en la unidad.

En esta sección se practican de forma conjunta las cuatro destrezas lingüísticas, pues creemos que el aprendizaje de la lengua ha de ser integral.

Las prácticas van desde las más controladas hasta las más libres. Hay ejercicios de respuesta cerrada, que son necesarios para la interiorización de las formas y estructuras; y otros, de respuesta abierta –o una ficción de respuesta abierta–, caso de los ejercicios que proponen la interacción entre Alumno/a A y Alumno/a B. Otros contienen auténticos vacíos de información: son aquellos en que los alumnos/as deben opinar o elegir entre varias o muchas opciones.

No hemos olvidado los ejercicios «para completar», pues creemos que son idóneos para reforzar formas y estructuras. En todo caso, el *Cuaderno de ejercicios* es un complemento ideal porque se ha proyectado realmente como un refuerzo para el aprendizaje.

Se dice así y así se escribe

Sección de *vocabulario* en relación con el tema de la unidad, para que al alumno/a *no le falten palabras* y encuentre mayor facilidad al viajar por el mundo de habla hispana.

Un paso más

La sección está dedicada a la comprensión lectora vinculada a la información cultural centrada en el mundo del cine español e hispanoamericano de los últimos tiempos. A partir de unos textos (fragmentos del guión), se proponen actividades de producción oral libre y algunas de expresión escrita.

Por último, el método explicita el esquema *Ahora ya puedo,* que recoge los principales contenidos desarrollados en la unidad, de manera que el alumno/a sepa en qué punto del aprendizaje se encuentra y que este aprendizaje se lleve a cabo de una forma ordenada, pero sin perder de vista la espontaneidad de la lengua.

SUGERENCIAS METODOLÓGICAS DE TRABAJO

Aunque el alumno/a se enfrenta a todas las destrezas, en este método insistimos en la comprensión auditiva porque la experiencia nos ha demostrado que es uno de los puntos débiles de la mayoría de los alumnos, al no estar en inmersión lingüística total. Por ello, sugerimos que se preste especial atención, desde el principio, a esta destreza.

PROCEDIMIENTO DIDÁCTICO

a. Primera audición, sin libro y por funciones: saludos, presentaciones, etcétera.
b. Segunda audición, con el libro: los alumnos/as deben subrayar las palabras que reconozcan. En este momento, se pueden realizar las aclaraciones léxicas pertinentes y tratar, de manera progresiva, de que los alumnos/as se vayan acostumbrando a deducir significados por el contexto.
c. En la tercera audición podemos pedirles que empiecen a repetir por parejas. Otra posibilidad es que, tras las dos primeras audiciones, se lean los diálogos en parejas o en grupos de tres.

Por último, deberían cerrar sus libros y representar estas mini-situaciones circulando por la clase a modo de actividad lúdica. Creemos que, al principio, puede servir para crear un ambiente relajado y favorecer la comunicación del propio grupo.

¿QUÉ MATERIALES COMPONEN EL MÉTODO?

Para cada nivel:

- *Libro del alumno.*
- *Cuaderno de ejercicios.*
- CD de audición correspondiente al *Libro del alumno.*
- CD de audición correspondiente al *Cuaderno de ejercicios.*
- *Guía didáctica.*

UNIDAD PRELIMINAR

Esta unidad se orienta a facilitar al alumno/a su contacto con el español. En este nivel avanzado del *Nuevo español sin fronteras,* nos apoyamos en algunas muestras del mejor cine de habla hispana como elementos desencadenantes del proceso de intersección cultural. Se presenta un material informativo similar a los carteles cinematográficos con objeto de que el alumno se sienta atraído por nuestra cultura y sienta que ya sabe muchas cosas sobre la misma.

Las actividades que se proponen en las páginas 10 y 11 deben plantearse como un juego y como actividad participativa de los alumnos. La información necesaria para resolver los ejercicios pueden encontrarla en los fotogramas de las páginas 8 y 9. El profesor intervendrá sólo al final, cuando sea necesario.

unidad 1 ¿QUÉ SIGNIFICARÁ EL SUEÑO QUE TUVE ANOCHE?

Objetivos

En la unidad 1 el alumno/a podrá expresar sus dudas sobre lo escuchado o leído; asimismo será capaz, puesto que se le presentan los recursos lingüísticos para ello, de percibir, en la conversación, la probabilidad de los juicios emitidos por el hablante, así como el uso de los tiempos **futuro** y **condicional** como soportes gramaticales de la realización de hipótesis y conjeturas, sin olvidar que también se le ofrecen al alumno/a los materiales necesarios para incidir en el diálogo con preguntas retóricas e interpretar las interpelaciones enfatizadas. Todo ello lo podrá practicar, además, a partir del fragmento del diálogo de la película de Pedro Almodóvar, *Carne trémula,* mediante los siguientes recursos: *¿No piensas...?, ¡Cómo que a ningún sitio...!, ¡Oye...!*

LIBRO DEL ALUMNO

PRETEXTO

El objetivo de esta sección es **presentar** los nuevos contenidos en diversas situaciones de la vida cotidiana, a través de un conjunto de muestras de lengua: la conversación entre dos compañeros que hablan de sueños en la oficina y dos textos literarios sobre el mismo tema. Las muestras de lengua corresponden, por lo tanto, a un español estándar y coloquial peninsular por un lado, y al español más elaborado propio de la literatura, por otro.

Procederemos con el texto dialogado de la siguiente manera:

a. Los alumnos/as escuchan la grabación.
b. El/la docente resuelve las dudas de vocabulario que puedan plantearse.
c. Los alumnos/as escuchan la grabación de nuevo.
d. Dos alumnos/as elegidos al azar leen el diálogo. El docente insistirá en la entonación como elemento suprasegmental necesario para dar veracidad a las frases.
e. El/la docente puede llamar la atención sobre algunos elementos léxicos o estructuras gramaticales.
f. Para terminar, se propondrá a los alumnos/as que, en parejas, reproduzcan de manera natural un diálogo parecido. De nuevo se insistirá en la entonación.

En este primer texto, además, se **llama la atención** sobre el uso y significado de algunos **elementos conversacionales** que aparecen destacados en letra negrita y que después serán objeto de práctica en el ejercicio que acompaña; estamos convencidos de que son especialmente útiles en los intercambios orales y que su conocimiento es imprescindible para que el alumno/a se comunique como lo haría un nativo.

Creemos que, para que el alumno/a entienda y asimile su uso y significado, es fundamental que los elementos conversacionales sean explicitados en contextos determinados y que la explicación sea una descripción clara y precisa sobre **cómo, cuándo y para qué** se usan:

Me cuesta.

Me resulta difícil, trabajoso o incluso doloroso. Nos cuesta creer algunas cosas, olvidar a las personas que queremos (cuando mueren, cuando hay una ruptura amorosa), dejar una ciudad o un país que nos gusta...

Hasta las tantas.

Expresión coloquial para referirse a una hora muy avanzada de la noche. En el texto están hablando de la noche, uno de ellos no consigue conciliar el sueño hasta muy tarde. Podemos encontrar la misma expresión en diferentes construcciones: *nos dieron las tantas, se nos hicieron las tantas, nos fuimos a las tantas, nos quedamos hasta las tantas...*

Debo de pasarme.

Vemos la diferencia entre *deber* + infinitivo y *deber de* + infinitivo. Adelantaremos la revisión de la sección *Gramática* recordándoles la oposición consejo, obligación / probabilidad.

Vamos.

Se usa para exhortar a otro a una determinada acción, para expresar protesta, para rectificar o matizar lo que se acaba de decir, o para rechazar despectivamente lo que el interlocutor acaba de decir. El docente explicará los usos que considere oportunos pero, en cualquier caso, hará hincapié en el significado que esta expresión tiene en el texto: sirve para matizar lo que se acaba de decir, podemos sustituirla por *lo que quieres decir es que...*

No pegar ojo.

Expresión coloquial para explicar que alguien no consigue conciliar el sueño. También puede utilizarse con el verbo *cerrar,* sin artículo como en el texto o con los artículos el/un, los: *cerrar ojo, cerrar un ojo, cerrar los ojos, pegar un ojo, pegar los ojos.*

¿De qué va?

Expresión coloquial equivalente a *¿de qué trata?* Esta misma fórmula se emplea también para expresar rechazo por las palabras o acciones de alguien.

Sugerencia

Proponer a los alumnos/as que en parejas, busquen una explicación al sueño relatado. Recordarles que el futuro que aparece en el título y en la última frase del texto es una invitación a hacer hipótesis e implica asombro o sorpresa por parte de quien lo utiliza. Cuando se recojan las explicaciones, se les llama la atención sobre los exponentes que han usado de forma espontánea.

Llamamos la atención también sobre otros componentes del diálogo:

Chico: se usa como vocativo, en tono de familiaridad. Puede resultar interesante hablar de las diferencias entre *chico-chica* y las formas *tío-tía.*
¿Qué significará... ?: el título del texto puede servir para hacer reflexionar a los alumnos sobre nuevos valores del futuro. El/la docente puede utilizar la forma *significará* para introducir el tema central de la unidad, la expresión de la duda y la probabilidad.
...me desperté [...] sobresaltado...: asustado, como si me hubieran despertado de un susto.
conciliar el sueño: dormirse. Se emplea también *coger:* coger el sueño.

cuando estoy a punto de llegar: recordar el valor de la construcción temporal *estar a punto de:* la utilizamos cuando queremos destacar que lo expresado por el verbo se detiene justo antes de producirse.

ACTIVIDAD **1:**

Actividad cuyo objetivo es la comprensión auditiva y la discriminación de la información mediante el recurso didáctico de determinar la verdad o falsedad de algunas afirmaciones referidas al discurso que escucharemos. Además recogeremos nueva información sobre los sueños. Tras la primera audición el/la docente resuelve las dudas de vocabulario que puedan plantearse. Los alumnos/as escuchan la grabación de nuevo y responden a las preguntas de verdadero o falso. El control de la actividad se realiza en grupo.

Sugerencia

Por parejas, o en pequeños grupos, hablarán de lo que les ha sugerido información que han escuchado y del significado que para ellos tienen los sueños. Todo el grupo mantendrá un pequeño debate sobre la importancia y el significado de los sueños.

ACTIVIDAD **2:**

Actividad de comprensión lectora. Los alumnos/as leerán los textos y destacarán las ideas generales. El docente puede llamar la atención sobre algunos elementos léxicos o estructuras gramaticales. Como alternativa, los alumnos/as trabajan en grupos o en parejas con el diccionario.

Alonso Zamora Vicente. *Escritor (Madrid, 1916-2006)*

Ha sido un narrador de gran finura irónica y auditiva. Con ella, y con sus muchos saberes lingüísticos, ha construido una nutrida obra literaria que es un mosaico abigarrado de voces y de vida. Algunos de sus títulos son: *Primeras hojas, Smith y Ramírez, S. A., A traque barraque, Sin levantar cabeza, Mesa Sobremesa* (Premio Nacional de Literatura, 1980), *Estampas en la calle, Vegas bajas, Voces sin rostro, Historias de viva voz, Cuentos con gusano dentro.* Fue miembro de la Real Academia Española, es un gran conocedor del idioma español y sus variantes; profesor y autor de estudios fundamentales sobre lengua y literatura; especialista en Lope de Vega, Gil Vicente, Valle Inclán y Camilo José Cela, entre otros.

Carmen Martín Gaite. *Escritora (Salamanca, 1925-Madrid, 2000)*

Fue una autora de una amplia obra narrativa, iniciada con *El balneario* y continuada con novelas como *Entre visillos, Fragmentos de interior, El cuarto de atrás* (Premio nacional de Literatura), *Nubosidad variable...* Cultivó el relato fantástico: *El castillo de las tres murallas, Caperucita en Manhattan* y el ensayo: *El cuento de nunca acabar...* En el campo de la investigación histórica destacan: *Usos amorosos del dieciocho en España* y *Usos amorosos de la postguerra española.* Fue merecedora del Premio Nacional de las Letras (1994) y del Premio Príncipe de Asturias (1988), entre otros.

ACTIVIDAD **3:**

Este último texto pretende estimular a los alumnos/as para recordar y compartir con sus compañeros/as un sueño reciente.

Presentaremos las estructuras *Me caigo de sueño, Tengo un sueño que no veo, Me muero de sueño,* para expresar ganas de dormir.

Si se considera oportuno, completaremos la actividad con una práctica escrita, en la que escribirán el sueño que ha relatado alguno de sus compañeros.

Sugerencia

Los alumnos/as, por parejas, tratarán de interpretar sueños, en este caso inventados. El/la docente divide la clase en dos grupos y a uno de ellos le sugiere unas claves generales: *un río, el mar, agua:* representa la vida; *un precipicio o acantilado:* una decisión importante; *el color rojo:* emociones fuertes; *animales grandes:* cobardía; *insectos:* represión sexual; *amigos enfadados:* engaño, traición.

Los estudiantes que no conocen las claves recibirán una lista de los símbolos e inventarán un sueño incluyendo el mayor número posible de estos elementos simbólicos. Después, por parejas, los alumnos/as que poseen las claves interpretarán el sueño de sus compañeros/as. Les recordaremos que no son verdaderos profesionales y que por lo tanto no podrán ofrecer interpretaciones seguras, solamente hipótesis. Tratarán de recordar las formas que conocen para expresar probabilidad.

Al finalizar estas tres actividades consideramos que los alumnos/as están preparados para realizar, sin dificultad, la reflexión gramatical que se propone en la sección siguiente.

VAMOS A REFLEXIONAR

Esta sección **sistematiza** en esquemas los **contenidos gramaticales y funcionales** de la unidad. Estos contenidos ya han sido presentados anteriormente. El hecho de que esta sección se centre en los contenidos no implica que la presentación de los mismos se haga de una forma rutinaria y alejada de la práctica; por ello, haremos algunas sugerencias en este sentido. Es conveniente que el docente se ayude con la pizarra, el retroproyector y materiales adicionales.

La gramática de esta unidad está dedicada a la expresión de duda y probabilidad. Se revisan algunas estructuras que los alumnos/as ya conocen y se presentan otras nuevas.

Expresar duda y probabilidad

Revisión y ampliación de las estructuras presentadas en la unidad 4 del *Nuevo español sin fronteras 2.* Se recuerdan las estructuras que exigen indicativo *(a lo mejor, igual, lo mismo)* y aquellas que pueden ir en subjuntivo o indicativo *(quizá/s), tal vez, probablemente, seguramente, posiblemente).* Por último, se **presenta** una nueva serie de estructuras que exige el uso del modo subjuntivo: *es probable que, es posible que, puede ser que, puede que.*

Correspondencias que marcan un enunciado como una hipótesis

En la página 15 se presenta la sistematización de las correspondencias verbales que establecen la oposición *información segura/hipótesis.*

Deber + infinitivo / *Deber de* + infinitivo

Revisión de la oposición de estas dos perífrasis verbales, presentada en la unidad 8 del *Nuevo español sin fronteras 2.* Aunque los nativos las confunden frecuentemente tanto en la manifestación oral como en la escrita, existe una clara delimitación de significado y uso que debemos recordar a nuestros alumnos/as.

DEBER **+ INFINITIVO**	***DEBER DE*** **+ INFINITIVO**
OBLIGACIÓN, CONSEJO	PROBABILIDAD

Sugerencias

1. Antes de comenzar la explicación de esta sección, el docente preguntará qué formas conocen para expresar duda y probabilidad, y las escribirá en la pizarra (podemos recoger aquí las expresiones que hayan utilizado para expresar hipótesis en la actividad 3 de la sección anterior). Con toda probabilidad, no habrán utilizado el recurso de expresión de hipótesis más frecuente entre los hablantes nativos: cambiar los tiempos de los verbos. Si les pedimos que pregunten algo, la hora por ejemplo, en dos situaciones completamente diferentes –en la calle, a alguien que lleva un reloj y en el cine, sin luz suficiente para ver el reloj– podremos plantear la oposición entre una información que conocemos con exactitud (la hora en el reloj; en presente, perfecto, indefinido, imperfecto pluscuamperfecto) y una información que no es segura, que proponemos como hipótesis probable (la hora que calculamos, más o menos, en la sala de cine; en futuro simple/perfecto o condicional simple/perfecto).
2. Plantear situaciones insólitas. Escribir en la pizarra varias situaciones extrañas y pedirles que hagan hipótesis por parejas (una sartén en un acuario, una mujer con abrigo en la playa, un hipopótamo en la calle...). Después, entre todos, elegirán las propuestas que más les convenzan.

VAMOS A PRACTICAR

En esta sección **consolidaremos** los contenidos de la unidad mediante un conjunto de actividades que, en la mayoría de los casos, integran varias destrezas.

ACTIVIDAD **1:**

Proponemos un ejercicio formal y controlado para consolidar el uso de los tiempos futuro y condicional con valor de probabilidad. En parejas, los alumnos/as deberán completar los diálogos. Realizaremos el control de la actividad en grupo.

ACTIVIDAD **2:**

Presentamos de nuevo un ejercicio formal y controlado cuyo objetivo es revisar los tiempos del pasado y algunos usos del modo subjuntivo que los alumnos/as ya conocen, y consolidar el uso del futuro y el condicional para hacer hipótesis. Los estudiantes completan el texto con los tiempos y modos adecuados y realizamos el control de la actividad en grupo.

Una vez completado el texto y corregidas las formas verbales, podemos entablar una conversación sobre el tema propuesto: las entrevistas de trabajo. Los estudiantes contarán sus experiencias y sentimientos en situaciones similares.

ACTIVIDAD 3:

Actividad de realización libre que integra las cuatro destrezas. En primer lugar leeremos el texto dirigido a Antonio Gala y explicaremos las expresiones que presenten dificultades.

No dan con lo que tiene:
no encuentran su enfermedad, no saben cuál es el problema.

Es la pura desgana:
no tiene interés por nada, no quiere.

Llorar a mares:
llorar abundantemente. La locución *a mares* se emplea también con el verbo *llover,* con idéntica intención ponderativa.

El/la docente destacará el enunciado *Dicen que* será *algo psíquico,* en el que aparece una de las estructuras para expresar hipótesis que hemos explicado en la sección *Gramática.* A continuación propondrá a los alumnos/as que respondan a la carta, utilizando en sus respuestas ésta y otras fórmulas para expresar hipótesis presentadas en esta unidad.

Sugerencias para todas las actividades de expresión escrita

1. Si la actividad se realiza en clase, podemos utilizar el retroproyector para la corrección en grupo.
2. Podemos pedir a los estudiantes que corrijan el texto de su compañero/a.
3. Si realizamos la corrección de forma individual, no daremos las soluciones a los errores sin hacer reflexionar al alumno. Podemos utilizar un sistema de símbolos para marcar los fallos y pedir al alumno que trate de reescribir el texto corrigiendo sus propios errores.

Para satisfacer a los alumno/as más meticulosos, cualquier tipo de corrección finalizará siempre con una versión final en la que hayamos revisado todos los errores.

Antonio Gala. *Escritor (Córdoba, 1930)*

Ha cultivado todos los géneros literarios: poesía, ensayo, periodismo, teatro: *Los verdes campos del Edén, Los buenos días perdidos* (Premio Nacional de Literatura), *Anillos para una dama...* Su incursión en el campo de la novela le ha valido el reconocimiento del gran público por la prolongación de sus obras en la pequeña pantalla: *El manuscrito carmesí, La pasión turca, La regla de tres, Águila bicéfala,* etcétera.

ACTIVIDAD 4:

Proponemos una actividad de comprensión auditiva en la que el alumno/a habrá de discriminar cierta información y determinar la verdad o falsedad de algunas afirmaciones referidas al discurso que escucharemos.

ACTIVIDAD 5:

Esta actividad tiene como objetivo consolidar el uso de los futuros y condicionales para expresar probabilidad en la expresión oral. Una vez que los alumnos/as se hayan familiarizado con el modelo, realizaremos la actividad en grupo. Si son más de 12 alumnos/as, inventaremos nuevos datos. Entre todos reconstruirán la historia en una pequeña dramatización.

SE DICE ASÍ Y ASÍ SE ESCRIBE

ACTIVIDAD **1:**

Actividad que se centra en la reflexión sobre el acento ortográfico.

Sugerencia

Antes de continuar con las siguientes actividades, preguntaremos a los alumnos/as si conocen las reglas generales de acentuación, en cuyo caso las escribirán entre todos.

ACTIVIDAD **2:**

Los alumnos/as tendrán que marcar las sílabas tónicas de las palabras que escucharán en la grabación. Antes de iniciar la explicación de las reglas de acentuación, comprobaremos que los alumnos son capaces de diferenciar la sílaba en la que recae el acento de intensidad.

ACTIVIDAD **3:**

Esquema en el que se explican las reglas generales de acentuación: palabras agudas, llanas y esdrújulas.

ACTIVIDAD **4:**

Una vez explicadas las reglas de acentuación, los alumnos/as colocarán los acentos ortográficos necesarios en las palabras de la actividad 2. Volveremos a escuchar la grabación y corregiremos el ejercicio en grupo.

ACTIVIDAD **5:**

Los alumnos/as colocarán el acento ortográfico en todas las palabras que lo precisen. Escucharemos el poema de Juan Ramón Jiménez y, cuando los estudiantes hayan terminado de colocar los acentos, corregiremos la actividad en grupo. Si muestran interés por la obra de este poeta, podemos aprovechar la ocasión para leer algún otro texto suyo en clase o, incluso, para hablar de su trayectoria poética.

Juan Ramón Jiménez. *Escritor (Moguer, Huelva, 1881 - San Juan de Puerto Rico, 1958)*

Es uno de los autores fundamentales de la poesía en español del siglo XX. Tras un primer inicio cercano aún al Romanticismo, se convirtió pronto en una de las figuras representativas del Modernismo, que después superó con estilo marcadamente personal. Fue elemento clave de la cultura española de los primeros decenios del siglo. La Guerra Civil lo llevó al exilio en Estados Unidos, Puerto Rico y Cuba. Sus obras más significativas: *Arias tristes, Jardines lejanos, Diario de un poeta recién casado, Segunda antología, Animal de fondo.*

UN PASO MÁS

ACTIVIDAD 1:

Actividad de comprensión auditiva que sirve como introducción a la película. El propio director nos describe al protagonista: Víctor. Pedro Almodóvar habla también del momento histórico en el que está ambientado el comienzo de la película.

Sugerencia

Los alumnos/as recordarán lo que conocen de la historia de España y entre todos reconstruiremos la situación de 1970. Si lo considera necesario, el docente explicará lo que significa el *estado de excepción* y cualquier otra información que los alumnos soliciten.

ACTIVIDAD 2:

Antes de la lectura.

Lluvia de ideas en relación con el título de la película: ¿Cuál va a ser el tema principal? ¿Cómo es Víctor? ¿Qué puede depararle el futuro a un chico tan *intempestivo?*

Durante la lectura.

En primer lugar, varios alumnos/as leerán el texto, haciendo hincapié en la entonación adecuada. Después, deben contrastar sus respuestas con lo que se acaba de leer. Propondremos nuevas preguntas para seguir realizando hipótesis sobre el desarrollo de la película: ¿Por qué se empeña Víctor en dar vueltas a Madrid en autobús, sin rumbo fijo? ¿Qué relación tienen Víctor y Elena? ¿Cómo evolucionará esa relación a lo largo de la película?

Por último.

Ver la película en clase y realizar un análisis de la misma. Contrastar su contenido con las hipótesis iniciales sobre el tema y las sugerencias provocadas por el título. Debate sobre los temas planteados por la película: las drogas, los discapacitados físicos, la infidelidad, los malos tratos a las mujeres... Comparar la realidad española con los países de origen de los alumnos/as.

Ampliación por escrito.

Si el docente lo considera necesario, puede pedir a los alumnos/as que escriban las ideas principales de esta película y los sentimientos e ideas que les ha provocado. De esta forma tendrán los elementos necesarios para una tarea de expresión escrita que no los dejará solos frente a la página en blanco.

A continuación proponemos un esquema que puede servir de ayuda para analizar todas las películas que presentamos en el *Libro del alumno:*

FICHAS PARA EL ANÁLISIS DE LAS PELÍCULAS

1. ¿Cuál es el tema central? ¿Aparecen otros temas secundarios?
2. Caracterización de los personajes centrales: cómo son, cómo se comportan.

FICHAS PARA EL ANÁLISIS DE LAS PELÍCULAS *(Cont.)*

3. ¿Qué métodos o qué medios usa el director para presentar el tema de la película?
4. ¿Crees que la película representa la realidad del mundo que conoces? ¿Cómo?
5. ¿Qué reacciones comprendes y cuáles no?
6. En una situación parecida, ¿cómo reaccionarías tú?
7. ¿Qué fallos le encuentras a la película?
8. Valoración personal. Comparación con otra/s que trate/n el mismo tema.

ACTIVIDAD **3:**

Explicación del significado de los elementos conversacionales que aparecen destacados en letra negrita en el fragmento de la película.

ACTIVIDAD **4, 5** y **6:**

Actividades controladas para practicar los elementos conversacionales que acabamos de presentar. Una vez que los alumnos/as se hayan familiarizado con el modelo, realizaremos la actividad en parejas y su control en grupo.

Sugerencia

Para que la práctica sea más real, proponemos que no sólo se hagan las frases que se piden, sino que se mantenga un minidiálogo con un compañero/a. Para ello pueden servirse de los que aparecen en los ejercicios. Les dejamos unos minutos para que lo preparen. Después, deben representarlo, no leerlo.

Pedro Almodóvar. *Director de cine (Calzada de Calatrava, Ciudad Real, 1951)*

De 1974 a 1978 realizó varios cortos y un largometraje en super 8. En 1979 realiza su primer largometraje en 16 milímetros, con guión propio y escaso presupuesto: *Pepi, Luci, Bom y otras chicas del montón,* estrenada en 1980. La película fue un éxito, por lo que abandonó el puesto de funcionario en la Telefónica y se dedicó por completo al cine. Desde entonces sus películas siempre han sido una provocación, sobre todo para una sección de la crítica española que nunca ha aceptado sus propuestas: *Laberinto de pasiones, Entre tinieblas, ¡Qué he hecho yo para merecer esto!, Matador, La ley del deseo, Mujeres al borde de un ataque de nervios* (Premio al Mejor Guión en el Festival de Cine de Venecia de 1988, Premio de Cine Europeo a la mejor película joven), *Átame, Tacones lejanos, Kika, La flor de mi secreto, Carne trémula, Todo sobre mi madre* (Oscar a la mejor película de habla no inglesa en 2000), *Hable con ella* (Oscar al mejor guión original en 2002), *La mala educación* y *Volver.*

CUADERNO DE EJERCICIOS

Las actividades que se proponen en el *Cuaderno de ejercicios* responden, por un lado, a ejercicios que sirven de complemento a los propuestos en el *Libro del alumno* y, por otro lado, aportan nuevos contenidos a los ya desarrollados en la unidad correspondiente. Estos ejercicios podrán llevarse a cabo en casa como ejercitación complementaría que será posteriormente revisada en el aula o, por el contrario, podrán integrarse en el desarrollo didáctico de la unidad.

LIBRO DEL ALUMNO

Pretexto

ACTIVIDAD **1**

1. B; **2**. A; **3**. A; **4**. C; 5. A; **6**. C.

1. A. V; **B**. V; **C**. F

Vamos a practicar

ACTIVIDAD **1**

1. tardarán; **2**. habré puesto; **3**. habría ido; **4**. se habrán quedado; **5**. serán.

ACTIVIDAD **2**

iba, darán, habrá, estarán, preguntarán, Llegué, habían citado, dijo, me sentara, Esperé, Fuera, salió, entrara, recibió, era, llevaba, tenía.

ACTIVIDAD **4**

a. **F**; b. **V**; c. **F**; d. **V**; e. **F**.

Se dice así y así se escribe

ACTIVIDADES **2** y **4**

Menú, casual, enero, coñac, cadáver, teléfono, examen, súper, volumen, árbol, pluma, casete, trauma, sutil, sílaba, césped, bolígrafo, estándar, período, abril, casualidad, periódico, móvil, síntesis.

ACTIVIDAD **5**

Y yo me iré. Y se quedarán los pájaros cantando:
y se quedará mi huerto, con su verde árbol
y con su pozo blanco.

Todas las tardes, el cielo será azul y plácido;
y tocarán, como esta tarde están tocando,
las campanas del campanario.

Se morirán aquellos que me amaron; y el pueblo se hará nuevo cada año; y en el rincón aquel de mi huerto florido y encalado,
mi espíritu errará nostálgico...

Y yo me iré; y estaré solo, sin hogar,
sin árbol verde, sin pozo blanco,
sin cielo azul y plácido...

Y se quedarán los pájaros cantando.

Un paso más

ACTIVIDAD **4**

Damos un ejemplo pero hay muchas posibilidades.

1. ¡Cómo que no piensas presentarte al examen! ¿Estás loco? Claro que vas a presentarte; **2**. ¡Cómo que hoy no puedes! Dijiste que lo llevarías hoy y lo vas a llevar; **3**. ¡Cómo que los fregarás cuando acabe la película! Levántate ahora mismo; **4**. ¡Cómo que no vas! Lo siento pero tenemos que ir, a ver si te crees que a los demás nos gustan esas cosas.

ACTIVIDAD **5**

1. ¿No pensabas volver? Has perdido muchas clases...; **2**. ¿No piensas traerme el postre? Llevo media hora esperando; **3**. ¿No piensas ir a la oficina? Se está haciendo muy tarde; **4**. ¿No piensas limpiar la cocina?

ACTIVIDAD **6**

1. No te pongas así, mañana te los traigo; **2**. No te pongas así, lo llamo ahora mismo; **3**. No te pongas así, lo dejamos para mañana y ya está; **4**. Tranquilo, no te pongas así, ahora los friego.

CUADERNO DE EJERCICIOS

ACTIVIDAD **1**

1. E; **2**. B; **3**. D; **4**. F; **5**. A; **6**. G; **7**. C.

SOLUCIONARIO

ACTIVIDAD **2**

1. Sueño: dos amigas de vacaciones en Túnez, haciendo compras en los mercadillos. Se encuentran con el Príncipe Felipe y una de ellas le regala una jaula para pájaros que acaba de comprar; **2**. Pesadilla: un mar de arena, una ventisca, tenía mucha sed y veía un barco de vela a lo lejos; **3**. Pesadilla: los marcianos invaden la casa de una chica y ésta se esconde en la bañera. Intenta salir a la terraza por la ventana del cuarto de baño pero es demasiado pequeña. Uno de los marcianos descorre la cortina de la bañera y la mira sorprendido con enormes ojos saltones.

ACTIVIDAD **4**

Damos un ejemplo pero hay muchas más posibilidades.

Desastre ecológico en el Valle de los Caídos.

(1) asolado; (2) constituían; (3) resultado; (4) del bosque; (5) vivo; (6) comenzó; (7) de la jornada; (8) dispuestos; (9) aproximadamente; (10) encargados de sofocarlo; (11) desocupar; (12) manejan; (13) incidente; (14) la catástrofe; (15) quemandos; (16) causante; (17) quizá; (18) el área; (19) hipótesis; (20) incalculable.

Podrían ser; habría estado; habrá sido; habrá propiciado; Se habrá debido.

ACTIVIDAD **5**

Conocía la historia. Ignoraba la verdad. Mi presencia misma era, en cierto modo, una mentira. Vine a Detroit para iniciar un documental de televisión sobre los muralistas mexicanos en Estados Unidos. Secretamente, me interesaba más retratar la decadencia de una gran ciudad, la primera capital del automóvil, nada menos; el sitio donde Henry Ford inauguró la fabricación en serie de la máquina que gobierna nuestras vidas más que cualquier gobierno. Entre las pruebas del poderío de la ciudad, se cuenta que en 1932 invitó al artista mejicano Diego Rivera a decorar los muros del Detroit Institute of Arts y ahora, en 1999, yo estaba aquí –oficialmente, digo– para realizar una serie de TV sobre éste y otros murales mejicanos en Estados Unidos (...).

Éste era mi encargo de trabajo. Insistí en comenzar en Detroit por un motivo. Quería fotografiar la ruina de una gran urbe industrial como digno epitafio a nuestro terrible siglo XX. No me movían ni la moral ni la advertencia ni cierto gusto apocalíptico por la miseria y la deformidad; ni siquiera el simple humanismo. Soy fotógrafo, pero no soy el maravilloso Sebastián Salgado ni la temible Diane Arbus. Preferiría tener, si fuese pintor, la claridad sin problemas de un Ingres o la tortura interior de un Bacon. Intenté la pintura: fracasé; no me rendí; me dije que la cámara es el pincel de nuestro tiempo y aquí me tienen, contratado para un propósito, pero presente –presentido acaso– para otro muy distinto.

Esdrújulas: máquina, apocalíptico, fotógrafo. **Llanas**: conocía, automóvil, poderío, éste, movían, prefería. **Agudas**: televisión, inauguró, fabricación, más, invitó, aquí, insistí, Sebastián, intenté, fracasé, rendí, aquí.

unidad 2 DIJO QUE ESTABA ENFERMO Y QUE FUERAS TÚ POR ÉL

Objetivos

En la unidad 2 el alumno/a, mediante los elementos lingüísticos apropiados y el vocabulario adecuado, podrá transmitir mandatos y peticiones, pedir consejo y aconsejar tanto en estilo directo como indirecto; asimismo será capaz de interpretar situaciones pasadas y de dirigir el discurso hacia la imprecación. Los verbos de influencia como *pedir, decir, recomendar, aconsejar, sugerir, rogar*... aparecen imbricados en el diálogo. Algunos recursos lingüísticos para expresar insultos, reproches, para dibujar amenazas no demasiado comprometidas están presentes en el fragmento dialogado de la película *Pajarico* de Carlos Saura: *¡Eres una estúpida!, ¡No vuelvas a hacérmelo...!*

LIBRO DEL ALUMNO

PRETEXTO

El objetivo de esta sección es **presentar** los nuevos contenidos en diversas situaciones de la vida cotidiana, a través de varias muestras de lengua: la conversación entre dos compañeros de oficina y un texto de trabajo en forma de fax. Las muestras de lengua corresponden, por lo tanto, a un español estándar y coloquial peninsular. Procederemos de la siguiente manera:

a. Los alumnos/as escuchan la grabación.
b. El profesor/a resuelve las dudas de vocabulario que puedan plantearse.
c. Los alumnos/as escuchan la grabación de nuevo.
d. Dos alumnos/as elegidos al azar leen el diálogo. El/la docente insistirá en la entonación como elemento suprasegmental necesario para dar veracidad a las frases.
e. El profesor/a puede llamar la atención sobre algunos elementos léxicos y estructuras gramaticales.
f. Para terminar esta sección, se propondrá a los alumnos/as que, en parejas, reproduzcan de manera natural un diálogo parecido. De nuevo se insistirá en la *entonación*.

En esta sección, además, se **llama la atención** sobre el uso y significado de algunos **elementos conversacionales** que aparecen destacados en letra negrita y que después serán objeto de práctica en el ejercicio que acompaña; estamos convencidos de que son especialmente útiles en los intercambios orales y que su conocimiento es imprescindible para que el alumno/a se comunique como lo haría un nativo.

Creemos que, para que el alumno/a entienda y asimile su uso y significado, es fundamental que los elementos conversacionales sean explicitados en contextos determinados y que la explicación sea una descripción clara y precisa sobre **cómo, cuándo** y **para qué** se usan:

¿Por dónde anda?
Expresión interrogativa que utilizamos para preguntar dónde está alguien.

Le sentó mal.
Tuvo problemas para hacer la digestión, su organismo no asimiló bien algo que había comido o bebido. También se utiliza la expresión *sentar bien / mal* para hablar del buen o mal efecto que causa algo en el ánimo de alguien, para referirse a cómo nos sienta una prenda de vestir, un peinado, etcétera.

¡Pues vaya follón!
¡Qué complicación!, esto hace las cosas más difíciles. *Follón* es un sustantivo que aparece también en otras construcciones coloquiales con el significado de *lío, complicación* o *confusión: ¡qué follón!, estás metido en un buen follón, tengo un follón de papeles,* etcétera.

Bueno...
Muletilla que utilizamos para cambiar de tema (a veces aparece también como despedida).

Por cierto.
Esta expresión sirve para introducir información nueva, para cambiar de tema. Puede indicar que lo que vamos a decir guarda relación con lo que acabamos de mencionar pero no necesariamente, a veces introduce un tema totalmente nuevo en la conversación.

¡Qué tío!
Expresión coloquial que se emplea tanto con matiz admirativo como con intención despectiva, para hablar de un hombre (o de una mujer, con *tía)* que se sale de lo común.

Sugerencias

1. Les entregamos una nota similar al fax que aparece en el *Pretexto* y por parejas la reescriben tratando de aplicar las reglas del discurso indirecto que acaban de ver en el *Pretexto.* Se identifican los errores entre toda la clase y se explica y corrige lo que no se haya resuelto correctamente.
2. Al contrario, reconstruir por escrito las palabras originales de alguien a partir de una transmisión en estilo indirecto.

ACTIVIDADES **1** y **2:**

Actividades centradas en los elementos discursivos destacados en negrita en el texto. Tienen por objetivo interiorizar los elementos léxicos y discursivos más destacables del *Pretexto.* En la actividad 1 los alumnos/as deberán buscar el significado de dichas expresiones. En la actividad 2 los alumnos completarán las situaciones dialogadas con los elementos y expresiones que aparecen en el recuadro. Trabajarán en parejas durante cinco o diez minutos y realizaremos el control del ejercicio en grupo.

ACTIVIDAD **3:**

Esta actividad llama la atención sobre una nueva estructura gramatical presentada en el *Pretexto.* A través de la observación los alumnos/as tratarán de deducir el funcionamiento de esta estructura gramatical, antes de llevar a cabo la reflexión formal sobre los nuevos contenidos presentados en la unidad. Trabajarán en parejas y corregiremos el ejercicio en grupo.

VAMOS A REFLEXIONAR

Esta sección **sistematiza** en esquemas los **contenidos gramaticales y funcionales** de la unidad. Estos contenidos ya han sido presentados anteriormente. El hecho de que esta sección se centre en los contenidos no implica que la presentación de los mismos se haga de una forma rutinaria y alejada de la práctica, por ello, haremos algunas sugerencias en este sentido. Es conveniente que el docente se ayude con la pizarra, el retroproyector y materiales adicionales.

Verbos de influencia

Revisión de los verbos que expresan acción, petición, mandato, consejo ruego presentados en la unidad 7 del *Nuevo español sin fronteras 2.* Recordaremos que la regla que rige su régimen verbal en estructuras complejas coincide con la regla que aplicamos a los verbos de emoción y sentimiento; es decir, depende de la correferencialidad de los sujetos y de los dos verbos puestos en relación:

VERBO 1 + VERBO 2	**SUJETOS IGUALES**
VERBO 1 + ***QUE*** + VERBO 2 SUBJUNTIVO	SUJETOS DIFERENTES

El profesor/a observará que, debido a la semántica del verbo, la mayor parte de ellos responde al esquema en el que no se da la correferencialidad de sujetos, a excepción de los verbos *conseguir, lograr* y *necesitar,* en los que sí puede darse esa identidad.

Cuando vine a España mi madre me recomendó que fuera a ver el Museo del Prado.
Cuando me fui de mi país mi novio me pidió que le escribiera todos lo días.
Cuando llegué a Madrid me aconsejaron que buscara un piso en el centro.

Mandatos, sugerencias y peticiones de otros

Los alumnos/as ya conocen el estilo indirecto tanto desde el eje temporal de presente *(Nuevo español sin fronteras* 2, unidad 1) como desde el eje temporal del pasado *(Nuevo español sin fronteras* 2, unidad 12). Sugerimos que todo el grupo revise estos temas.

Les pediremos que escriban una nota con sugerencias, peticiones y mandatos para un compañero de piso, un hermano, un compañero de trabajo... Los alumno/as intercambian estas notas y tratan de reescribirlas utilizando las estructuras que se han presentado en la sección *Pretexto* y que acaban de ver esquematizadas en *Gramática.* Escribimos las nuevas versiones en la pizarra para corregir el ejercicio en grupo y aclarar las dudas.

Jaime, me voy corriendo al trabajo y no tengo tiempo de hacer nada. Por favor, compra esta tarde el pan. Ve a la librería y pide el libro que encargué la semana pasada. Alquila una película en el vídeo club. Y prepara la cena, por favor, llegaré muy muy cansada. ¡Muchas gracias! Julia	Jaime, Julia te ha dejado una nota; dice que se ha ido corriendo al trabajo y que no ha tenido tiempo de hacer nada. Que, por favor, compres esta tarde el pan, que vayas a la librería y pidas el libro que encargó la semana pasada, que alquiles una película en el videoclub y que prepares la cena (¡dice que llegará muy cansada!). Manuel

Por / para

En la unidad 6 de *Español sin fronteras 2* proponíamos una actividad para practicar la oposición de las preposiciones *por* y *para* (página 71, actividad 8). Ha llegado el momento de presentar un esquema general con los principales valores de ambas preposiciones. Los ejemplos pueden ser de gran ayuda para comprender estos valores. Para comprobar que han entendido todos los significados les pediremos nuevos ejemplos.

Estar por / Estar para

Para finalizar, explicaremos el significado de estas dos expresiones. Los dibujos pueden servir de ayuda para comprenderlas. Trataremos de buscar entre todos nuevos ejemplos.

VAMOS A PRACTICAR

En esta sección consolidaremos de forma oral y/o escrita los contenidos de la unidad, mediante un conjunto de actividades que ejercitan las cuatro destrezas lingüísticas.

ACTIVIDAD 1:

En esta primera actividad se propone una práctica de comprensión auditiva en primer lugar y de expresión oral a continuación. Tiene como propósito ejercitar de forma oral el estilo indirecto en los mandatos, peticiones y sugerencias. Sólo escuchará la grabación la mitad del grupo, que tendrá que emplear el discurso referido para transmitir la información a la otra mitad del grupo. Si resulta necesario, la audición podrá realizarse dos veces.

ACTIVIDAD 2:

En esta actividad, los alumnos/as, en parejas, completarán el diálogo que se propone, conjugando el verbo en el tiempo y modo adecuados. Una vez que hayan terminado se hará el control en grupo, momento que aprovecharemos para explicar todos los aspectos que puedan presentar dificultad. El tema del diálogo puede provocar una conversación en clase en la que los alumnos/as hablen de su situación personal actual o de alguna situación peculiar que hayan vivido en otro momento; en un país diferente al suyo.

La segunda parte de la actividad se centra en la ejercitación del vocabulario y los elementos discursivos más destacables de dicho diálogo. Los alumnos/as relacionarán los elementos que han aparecido en el texto con las explicaciones que les ofrecemos en el recuadro de la derecha.

ACTIVIDAD **3:**

En parejas, los alumnos/as completarán las situaciones dialogadas que se proponen, conjugando el verbo en el tiempo y modo adecuados. A continuación se hará el control de la actividad en grupo.

ACTIVIDAD **4:**

Se trata de un ejercicio que incide en la oposición de las preposiciones *por* y *para*. Se propone una serie de oraciones en las que dichas preposiciones aparecen contextualizadas de tal manera que el alumno pueda asimilar sus valores y las diversas estructuras en las que se utilizan.

Esta actividad puede ampliarse con más ejemplos propuestos por los estudiantes.

ACTIVIDAD **5:**

Alumno/a A	Alumno/a B
EL MARIDO DE ROSANA	LA MADRE DE ROSANA

Actividad que se realizará por parejas. Tienen que repetir las instrucciones que les ha dejado Rosana utilizando las estructuras de estilo indirecto que ya han practicado. Contrastando los dos mensajes descubrirán que Rosana ha mentido a su marido porque le está preparando una fiesta sorpresa para celebrar su cumpleaños.

Si el docente lo considera necesario, ampliará la actividad con una práctica escrita en la que volverán a escribir los mensajes pero en estilo indirecto, como si Rosana se los hubiera dejado a un intermediario y éste los reescribiera para su madre y su marido.

ACTIVIDAD **6:**

Texto periodístico en el que los alumnos deben utilizar diferentes verbos de lengua. En primer lugar el profesor/a explicará el significado de cada uno de los verbos del listado. Los alumnos/as ampliarán su vocabulario enriqueciéndolo con nuevos verbos de lengua adecuados a su nivel de conocimiento del español. Además revisarán los usos de los tiempos pasados.

SE DICE ASÍ Y ASÍ SE ESCRIBE

ACTIVIDAD **1:**

Antes de leer el esquema de la actividad 2 podemos invitar a nuestros/as alumnos/as a reflexionar sobre la acentuación de los monosílabos. Si alguno de ellos sabe por qué y cuándo se acentúan puede intentar explicárselo a sus compañeros/as.

ACTIVIDADES **2** y **3:**

Estos esquemas recogen las palabras que llevan acento gráfico con función diferenciadora: monosílabos, interrogativos, exclamativos y las formas *solo / sólo y aun / aún.* Tanto las palabras acentuadas como las que no llevan acento van acompañadas de un ejemplo. Sugerimos que los alumnos imaginen nuevas oraciones en las que aparezcan las dos formas para asegurarnos que han comprendido las diferencias entre la palabra sin tilde y la palabra con tilde.

UN PASO MÁS

Fragmento de la película *Pajarico* de Carlos Saura.

Antes de la lectura.

Lluvia de ideas sobre las relaciones entre primos en la infancia: cuáles pueden ser sus conversaciones, los sentimientos del uno hacia el otro... Si hemos logrado un ambiente de trabajo cómodo y de confianza pueden hablar de sus recuerdos, de cómo eran sus juegos infantiles, sus relaciones con los primos...

Durante la lectura.

En primer lugar, el texto tiene que ser leído por varias personas, y, como siempre, haciendo hincapié en la entonación adecuada.
Después contrastarán los comentarios previos a la lectura con el texto. Hablaremos también de los problemas que se crean tras la separación de un matrimonio con hijos. Contrastaremos la situación de los diferentes países y les pediremos su opinión sobre la situación de los niños con padres separados.

Por último.

Ver la película en clase y realizar un análisis de la misma. Contrastar su contenido con las hipótesis iniciales sobre el tema. Debate sobre los temas planteados por la película que despierten mayor interés.

Ampliación por escrito.

Si se considera necesario, se puede pedir a los alumnos que para el día siguiente o dentro de dos días expongan por escrito la impresión que les ha causado esta película. De esta forma tendrán los elementos necesarios para una tarea de expresión escrita que no los dejará solos frente a la página en blanco.

***Carlos Saura.** Director de cine (Huesca, 1932)*

Inició su carrera como director de largometrajes en 1960 con la película *Los golfos,* que consiguió críticas muy favorables. Su primer gran éxito lo obtuvo con *La caza,* que fue premiada con el Oso de Plata del Festival de Cine de Berlín. Desde entonces la filmografía de Saura adquirió la proyección internacional que ningún otro director, a excepción de Luis Buñuel y José Luis Garci, había alcanzado hasta ese momento. Ha recibido numerosos premios, tanto en España como en el extranjero: los festivales de cine de Berlín, Cannes, Chicago y Nueva York le han premiado por su amplia y variada filmografía, compuesta por una treintena de películas. Algunos de sus títulos más conocidos: *La prima Angélica, Cría cuervos, Bodas de sangre, El amor brujo, Carmen, Tango, Pajarico, Goya en Burdeos, Salomé* y *El séptimo día.*

ACTIVIDADES **1, 2, 3** y **4:**

En ellas se destacan frases hechas y su contenido pragmático funcional, y se proponen prácticas para su asimilación e interiorización.

Tras comprobar que los alumnos/as han comprendido el significado de estas expresiones, podemos pedirles que preparen ellos mismos situaciones para que sus compañeros/as reaccionen. Está demostrado que es en esos casos cuando se ve si realmente han captado la frase o expresión en su verdadero significado y el contexto para usarla.

CUADERNO DE EJERCICIOS

Las actividades que se proponen en el *Cuaderno de ejercicios* responden, por un lado, a ejercicios que sirven de complemento a los propuestos en el *Libro del alumno* y, por otro lado, aportan nuevos contenidos a los ya desarrollados en la unidad correspondiente. Estos ejercicios podrán llevarse a cabo en casa como ejercitación complementaria que será posteriormente revisada en el aula o, por el contrario, podrán integrarse en el desarrollo didáctico de la unidad.

SOLUCIONARIO

LIBRO DEL ALUMNO

Pretexto

ACTIVIDAD **1**

1. D; **2.** E; **3.** A; **4.** F; **5.** G; **6.** B; **7.** H; **8.** C.

ACTIVIDAD **2**

1. Me sentó mal; **2.** Me he pasado toda la noche en blanco; **3.** Bueno...; **4.** ¡Qué tío!

ACTIVIDAD **3**

hable, tiene, vaya, llame, ha ido; habla, tiene, ve, llámame, ha ido.

Vamos a practicar

ACTIVIDAD **1**

Damos un ejemplo pero hay muchas posibilidades.
...que no volverá hasta las diez, que la reunión se va a alargar. Que ya sabe que las vacaciones empiezan mañana, pero... Que no ha podido hacer algunas cosas, que vayas al banco a sacar dinero, y a la agencia de viajes a recoger los billetes. Que hables con el portero para que riegue las plantas y que llames al club para cancelar las clases de tenis. Dice que volverá lo antes posible.

ACTIVIDAD **2**

hay, podrían, te refieres, es, pasan, hablan, tienen, practican, funciona, aprovechen, ofrece, salgan, asignen, pregunten, entiendan, tomen, hablen, manifestarán, alquilen, puedes, considero, viven, dejan, quieren, inviten, hiciera, fuera.

1. B; **2.** C; **3.** E; **4.** D; **5.** A.

ACTIVIDAD **3**

1. eches; **2.** olvidaras, dieras; **3.** llames; **4.** siga, vuelva; **5.** hay, vayas, es.

SOLUCIONARIO

ACTIVIDAD **4**

1. D; **2**. G; **3**. J; **4**. H; **5**. A; **6**. F; **7**. B; **8**. C; **9**. E; **10**. L.

ACTIVIDAD **5**

Miente a su marido.

ACTIVIDAD **6**

cuenta, asegura, añade, dice, afirma, explica, concluye.

Un paso más

ACTIVIDAD **3**

1. Eres un mentiroso; **2**. Eres una tonta; **3**. Eres un neurasténico; **4**. Eres un bocazas.

ACTIVIDAD **4**

1. Si llego a saberlo habría ido; **2**. Si me lo hubieras dicho habría ido; **3**. Si lo hubiera visto lo sabría; **4**. Si lo hubiéramos sabido no lo habríamos intentado.

ACTIVIDAD **5**

1. ¡No vuelvas a pedírmelo!; **2**. No volváis a decírmelo!; **3**. ¡No vuelvas a decírmelo!; **4**. ¡No vuelvas a decírmelo!

CUADERNO DE EJERCICIOS

ACTIVIDAD **1**

1. D; **2**. E; **3**. A; **4**. G; **5**. C; **6**. H; **7**. F; **8**. B.

ACTIVIDAD **2**

1. H; **2**. E; **3**. I; **4**. B; **5**. C; **6**. G; **7**. D; **8**. F; **9**. J; **10**. A.

ACTIVIDAD **3**

1. demos, coja, seas; **2**. organice, piensas, organizar; **3**. voy, dedique; **4**. cambien, celebran, consiguiera, cambiaran, sustituyera, importara, quisiera, es, tiene; **5**. entregara, pude, entregue; **6**. Marcharse, llamara, volviera, llames, venga; **7**. Deje; **8**. Ha sido, asciende, queden; **9**. Fuera, tenía, anda; **10**. Pidiera, saliéramos, eres, espera; **11**. Se marcha, termine, están, enseña; **12**. Mostrara, sacara, estarían; **13**., Tomarte, dé.

ACTIVIDAD **4**

Por, por, por, para, por, por, para, para, por, por, para, para, por.

ACTIVIDAD **5**

Por qué me sucedió justo a mí, no lo sé. El caso es que su imagen se me apareció en la ventanilla del horno. Estaba haciendo un pollo al chipotle para los invitados al funeral, Nunca me sale bien esta salsa. Y no le quiero ni contar cómo quedó la cocina cuando terminé. Le puse demasiada crema a la licuadora y salpiqué toda la mesa. Se me olvidó agregarle cebolla al caldo de pollo, y sabía como el agua donde remojo los calcetines. Quedó salada. No desvené los chiles. Engrasé el Pyrex y no lo pedía la receta. Me hubiera dado vergüenza si mi mamá me hubiera visto, pero desde que se murió, que en paz descanse, dejé de sentir vergüenza. Se la habrá llevado con ella. No sé.

La gente estaba citada para ir a mi casa a dar el pésame. Y claro, también para inspeccionar la cocina. No pueden evitar fijarse que tan ordenada y limpia soy. Y claro que desean que no lo sea, así tienen de qué hablar a mis espaldas. Esta vez no los defraudé. Estaba demasiado triste para ponerme a arreglar la casa. Una no entierra a su única hija todos los días.

ACTIVIDAD **6**

1. V; **2.** F; **3.** F; **4.** F; **5.** F; **6.** V; **7.** F.

ACTIVIDAD **7**

1. Miguel de Cervantes (1547-1616) es unánimemente considerado el más grande escritor en lengua española de todos los tiempos, sobre todo por ser el autor del ***Quijote,*** aunque de su pluma hayan nacido otras obras de gran envergadura (las ***Novelas Ejemplares,*** por ejemplo). Nacido en el momento de máximo esplendor del imperio de Carlos V –el año de la victoria de Mühlberg– su vida transcurre bajo los reinados de Felipe II y Felipe III y con una situación al mismo tiempo de declive sociopolítico y de esplendor en la creación artístico-literaria (el Siglo de Oro).

2. Los libros de caballería son obras en prosa, en general llenos de fantasía, que tratan asuntos caballerescos y describen la vida y aventuras de los caballeros andantes. La crítica ha señalado frecuentemente que el ***Quijote*** puede ser leído como la parodia de las normas de este género, muy familiar a los lectores de la época.

3. Al margen del lugar clave que Cervantes ocupa en la evolución de la literatura española, el valor emblemático de su producción –fundamentalmente del ***Quijote***– es enorme porque ha asegurado durante siglos la presencia de la misma en el corpus de las obras que la cultura occidental ha considerado canónicas, junto a Homero, Shakespeare, Dante, Goethe, etc. La presencia de Don Quijote y Sancho en el imaginario colectivo y en todo tipo de representaciones artísticas es universal.

4. Se conmemora el Día del Libro coincidiendo con el aniversario de la muerte de Cervantes. Hay una tradición de origen catalán, hoy extendida a toda España y en proceso de internacionalización, que consiste en regalar rosas y libros en esta fecha. A propuesta de España, la Unesco declaró el 23 de abril Día Mundial del Libro. Se da la circunstancia de que el 23 de abril es también la fecha de la muerte de Shakespeare.

ACTIVIDAD **8**

Damos un ejemplo... que aquel era su lugar preferido y que iba allí a pensar. Manu no se lo creía y Fuensanta le dijo que hiciera la prueba, que cerrara los ojos y pensara, que a ver qué veía. Manu le dijo que veía a sus padres, en Madrid, que estaba despierto, en la cama, porque no podía dormir. Fuensanta le dijo que sus padres se habían separado porque no se llevaban bien, que cada uno hacía su vida, y que decía la tía Margarita que su padre era un pendón. Manu le preguntó que qué era eso y Fuensanta le explicó que un golfo y le preguntó que qué más veía. Manu le contesta que ellos discutían y Fuensanta pregunta qué decían, si no les espiaba. Manu dice que sí, que una noche los espió, que no podía dormir y se acercó a su cuarto y que su madre decía que había llegado al límite y que no aguantaba más. Fuensanta le pregunta qué más oyó y Manu le pide que le prometa que no se lo va a decir a nadie. Fuensanta lo promete y Manu le cuenta que su madre le dijo a su padre que le daba asco y le pregunta a Fuensanta si no le parece horrible. Ella contesta que sólo le dan asco las cucarachas y le pide que la siga porque le va a enseñar su secreto.

unidad 3 ¿CÓMO ES QUE SE ESCRIBE CON X, PERO SE PRONUNCIA CON J?

Objetivos

En la unidad 3 el alumno/a será capaz de expresar la causa mediante los recursos lingüísticos usuales en el español conversacional en su forma más espontánea y en su forma estricta; también se muestran diversas estructuras que utilizamos para justificar acciones o actitudes y que no aparecen con frecuencia en los manuales de gramática: *en vista de que, gracias a, por culpa de...*; asimismo el alumno/a propiciará la corrección de información errónea y negará información con el fin de procesarla nuevamente. Los recursos lingüísticos que se le ofrecen al alumno/a se amplían con la idea de durabilidad: *seguir* + gerundio, *seguir sin* + infinitivo... Muchos de los elementos presentados aparecerán como refuerzo en el fragmento dialogado de la película de Tomás Gutiérrez Alea y Juan Carlos Tabío *Fresa y Chocolate: Así, ¿cómo?, ¡Porque sí, ya te lo he dicho!, ¿Quién dijo...?*

LIBRO DEL ALUMNO

PRETEXTO

El objetivo de esta sección es **presentar** los nuevos contenidos en diversas situaciones de la vida cotidiana, a través de un conjunto de muestras de lengua: la conversación entre una profesora de español y un alumno y dos textos literarios sobre el mismo tema. Las muestras de lengua corresponden, por lo tanto, a un español estándar y coloquial peninsular por un lado y, por otro, al español más elaborado, propio de la literatura. Procederemos de la siguiente manera:

a. Los alumnos/as escuchan la grabación.
b. El/la docente resuelve las dudas de vocabulario que puedan plantearse.
c. Los alumnos/as escuchan la grabación de nuevo.
d. Dos alumnos/as elegidos al azar leen el diálogo. El docente insistirá en la entonación como elemento suprasegmental necesario para dar veracidad a las frases.
e. El/la docente puede llamar la atención sobre algunos elementos léxicos o estructuras gramaticales.
f. Para terminar esta sección, se propondrá a los alumnos/as que, en parejas, reproduzcan de manera natural un diálogo parecido. De nuevo se insistirá en la entonación.

En esta sección, además, se **llama la atención** sobre el uso y significado de algunos **elementos conversacionales** que aparecen destacados en letra negrita y que despues serán objeto de práctica en el ejercicio que acompaña; estamos convencidos de que son especialmente útiles en los intercambios orales y que su conocimiento es imprescindible para que el alumno/a se comunique como lo haría un nativo.

Creemos que, para que el alumno/a entienda y asimile su uso y significado, es fundamental que los elementos conversacionales sean explicitados en contextos determinados y que la explicación sea una descripción clara y precisa sobre **cómo, cuándo y para qué** se usan:

Sin ir más lejos.
Sin necesidad de buscar un ejemplo más cercano que el que se va a mencionar.

¿Me sigues?
¿Comprendes lo que te estoy diciendo?

Verás...
Expresión coloquial que introduce una explicación. A menudo se utiliza para ganar tiempo y pensar en la respuesta que vamos a dar.

O sea...
Es decir, en otras palabras.

¿Me explico?
Expresión que sirve para comprobar si el interlocutor comprende la información que está recibiendo: ¿estoy siendo claro?

Sugerencia

Después de leer el diálogo que mantiene Raquel con su alumno, reflexionaremos sobre el texto de Juan Ramón Jiménez. ¿Qué explicación iba a dar Raquel? Los alumnos que hayan estudiado literatura española pueden aportar alguna idea. El docente explicará brevemente por qué Juan Ramón Jiménez no respetaba las reglas ortográficas y por qué las ediciones posteriores han mantenido sus *errores*. Si los alumnos/as muestran interés y no hemos presentado la obra de Juan Ramón Jiménez en la unidad 1, éste es el momento de hacerlo.

Juan Ramón Jiménez. *Escritor (Moguer, Huelva, 1881 - San Juan de Puerto Rico, 1958)*

Es uno de los autores fundamentales de la poesía en español del siglo XX (ver *Guía*, unidad 1). Cuando las palabras conocidas le resultaron insuficientes, empezó a crear las suyas propias. Y en la constante depuración de su estilo intentó una simplificación de la ortografía española, eliminando la *g*, excepto para los sonidos velares, explosivos o fricativos, sustituyendo la *s* ante consonante por *x* y utilizando *y* en lugar de *ie*. Estas modificaciones de la lengua, que en otro autor podrían ser criticadas por arbitrarias, han sido aceptadas en la obra de Juan Ramón Jiménez como un signo más de su sencillez.

ACTIVIDADES **1** y **2:**

Actividades centradas en los elementos discursivos destacados en negrita en el texto. Tienen por objetivo interiorizar los elementos léxicos y discursivos más destacables del *Pretexto*. En la actividad 1 los alumnos deberán buscar el significado de dichas expresiones. En la actividad 2 los alumnos deberán completar las situaciones dialogadas con los elementos y expresiones que aparecen en el recuadro.

ACTIVIDAD **3:**

Actividad de comprensión lectora. Los alumnos/as leerán el texto y destacarán las ideas generales. El/la profesor/a explicará el significado de los vocablos que presenten dificultad para los alumnos/as. Como alternativa, los alumnos/as trabajarán en grupos o en parejas con el diccionario.

ACTIVIDAD 4:

Proponemos un debate sobre el tema propuesto por García Márquez. Los alumnos/as decidirán si están a favor o en contra de estas nuevas ideas sobre la ortografía y defenderán su postura con la ayuda de los argumentos a favor y en contra expuestos en la actividad 4. Además de ejercitar su capacidad de argumentación reflexionarán sobre las dificultades e irregularidades de la escritura en español.

Gabriel García Márquez. *Escritor (Aracataca, Colombia, 1928)*

Es uno de los grandes maestros de la narrativa contemporánea: *La hojarasca, El coronel no tiene quien le escriba, Los funerales de la Mamá Grande, La mala hora, Cien años de soledad, El otoño del patriarca, Crónica de una muerte anunciada, El general en su laberinto,* y *vivir para contarla,* entre otras. En 1982 recibió el Premio Nobel de Literatura.

VAMOS A REFLEXIONAR

Esta sección **sistematiza** en esquemas los **contenidos gramaticales y funcionales** de la unidad. Estos contenidos ya han sido presentados anteriormente. El hecho de que esta sección se centre en los contenidos no implica que la presentación de los mismos se haga de una forma rutinaria y alejada de la práctica, por ello, haremos algunas sugerencias en este sentido. Es conveniente que el docente se ayude con la pizarra, el retroproyector y materiales adicionales.

Expresión de causa

En el primer apartado de esta sección se recuerdan las diferentes formas para expresar la causa y para la corrección de una causa dada por otra persona que ya se habían presentado en la unidad 10 del *Nuevo español sin fronteras 2.* Pediremos nuevos ejemplos para comprobar que las han asimilado.

Otras estructuras para justificar una acción o actitud

Se presentan nuevas estructuras para justificar una acción o actitud: *en vista de que, al* + infinitivo, *gracias a, por culpa de.*

Se llama la atención sobre el diferente valor que puede tener la construcción *al* + infinitivo, temporal (= cuando) o causal (= *por* + infinitivo).

Por último se sistematizan las perífrasis *seguir* + gerundio, *seguir sin* + infinitivo, *deberías haber* + participio.

Sugerencias

1. Antes de comenzar la explicación o comentario de las distintas estructuras que expresan causa, sería conveniente hacer pensar a los alumnos/as en las estructuras que recuerdan. En una lluvia de ideas, recogeremos las formas que ya estén consolidadas.
2. Se propondrá a los alumnos/as que, por parejas, escriban un minidiálogo en el que aparezcan las expresiones de causa, la corrección de una causa dada por otra persona y las estructuras que acabamos de ver para justificar una acción o actitud.

VAMOS A PRACTICAR

En esta sección **consolidaremos** de forma oral y/o escrita los contenidos de la unidad, mediante un conjunto de actividades que ejercitan las cuatro destrezas lingüísticas.

ACTIVIDAD 1:

En esta primera actividad se propone una práctica de comprensión auditiva que insiste en las formas para expresar las causas. Tras oír la audición una o dos veces, según lo requiera el nivel de los estudiantes, éstos resumirán por escrito las razones de Suzy para estudiar en Granada. Compararemos los resultados con la solución correcta.

Sugerencia

Comentaremos la opinión de Suzy y la contrastaremos con la de los estudiantes. Éstos hablarán de las ciudades españolas que conocen, de lo que más les gusta de ellas, de lo que no les gusta... Finalmente, si están estudiando en España o piensan viajar a España para estudiar, hablarán de la ciudad que han elegido y justificarán su elección.

ACTIVIDAD 2:

En esta actividad los alumnos ejercitan las expresiones causales que hemos explicado en la sección de gramática. Completarán el diálogo por parejas con las expresiones que aparecen en el recuadro y, después, haremos el control de la actividad en grupo. Si es necesario, explicaremos nuevamente las estructuras que hayan causado problemas.

ACTIVIDAD 3:

En parejas, los alumnos/as completarán las situaciones dialogadas que se proponen, conjugando el verbo en el tiempo y modo adecuados; a continuación se hará el control de la actividad en grupo.

ACTIVIDAD 4:

En esta actividad, los alumnos/as, en parejas, completarán el diálogo que se propone, conjugando el verbo en el tiempo y modo adecuados. Una vez que hayan terminado, se hará el control de la actividad en grupo, momento que aprovecharemos para explicar todos los aspectos que puedan presentar dificultad para los alumnos/as.

ACTIVIDAD 5:

Actividad en la que los alumnos practican la estructura para negar la causa propuesta por otra persona y ofrecer una nueva interpretación. Primero la realizan por parejas y después la corregimos en grupo.

ACTIVIDAD 6:

Actividad de realización libre. Tras la lectura del texto el docente explicará el significado de los vocablos que presenten dificultad para los alumnos/as. Plantearemos un debate en torno a la legalización de las drogas. Los estudiantes se servirán de las expresiones que se les sugieren en *Para ayudarte* para expresar su opinión. Los alumnos/as deben saber que valoraremos la justificación de las opiniones más que el contenido de éstas.

SE DICE ASÍ Y ASÍ SE ESCRIBE

ACTIVIDAD **1:**

Antes de leer el esquema de la actividad 2 invitaremos a los alumnos/as a reflexionar sobre la acentuación de los diptongos. Si alguno de ellos conoce las reglas de acentuación intentará explicárselas a sus compañeros/as.

ACTIVIDAD **2:**

Sistematización de las reglas de acentuación en las sílabas con diptongo. Sugerimos que los alumnos propongan nuevas palabras en las que aparezcan sílabas tónicas con diptongo para asegurarnos de que han comprendido las nuevas reglas.

ACTIVIDAD **3:**

Actividad de comprensión auditiva que tiene como propósito la práctica de las reglas de acentuación de las sílabas tónicas con diptongo. Para dicha práctica proponemos un poema de Blas de Otero. El interés de los alumnos será el que determine la posterior profundización en la obra de este poeta.

Blas de Otero. *Escritor (Bilbao, 1916 - Madrid, 1979)*

Es uno de los grandes poetas contemporáneos, de acentos muy personales e inconfundibles: *Cántico espiritual, Ángel fieramente humano, Redoble de conciencia, Pido la paz y la palabra, Ancia, En castellano, Que trata de España* y *Verso y prosa* son algunos de sus libros.

UN PASO MÁS

ACTIVIDAD **1:**

Antes de la lectura.

Lluvia de ideas en relación con el título de la película: ¿Cuál creen que va a ser el tema de la misma? ¿Qué les sugieren las palabras *fresa* y *chocolate?* ¿Cuál será la relación entre David y Miguel? Hablaremos de la tolerancia como el respeto a lo diferente. Podemos también preguntar cuál creen que es la situación en Cuba, cómo se viven las allí las diferentes opciones sexuales, políticas...

Durante la lectura.

En primer lugar, el texto tiene que ser leído por dos personas y, como siempre, haciendo hincapié en la entonación adecuada.

Después contrastarán los comentarios previos a la lectura con el texto.

Por último.

Ver la película en clase y realizar un análisis de la misma. Contrastar su contenido con las hipótesis iniciales sobre el tema. Debate sobre las cuestiones planteadas por la película: la libertad, la represión, los conflictos políticos, la homosexualidad...

Ampliación por escrito.

Si se considera necesario, se puede pedir a los estudiantes que, para la próxima clase, resuman las ideas principales de esta película y los sentimientos e ideas que les ha provocado. De esta forma tendrán los elementos necesarios para una tarea de expresión escrita que no los dejará solos frente a la página en blanco.

Tomás Gutiérrez Alea. *Director de cine (La Habana, 1928-1996)*

Su primer largometraje es de 1947, *El Faquir.* Sus películas más conocidas son *Historias de las revolución, La muerte de un burócrata, Memorias del subdesarrollo, La última cena, Tiempo de revancha, Hasta cierto punto, Fresa y chocolate* (Premio especial del jurado en el Festival de Berlín), *Guantanamera* (León de oro en el Festival de Venecia).

Juan Carlos Tabío. *Director de cine (La Habana, 1943)*

Tras trabajar como asistente de producción y de dirección, en 1963 realiza su primer documental y a partir de entonces colabora en los guiones de varios filmes importantes de la cinematografía cubana. Dirige una larga lista de documentales hasta que en 1983 realiza su primer largometraje de ficción. Sus películas han obtenido premios en Cuba y fuera de ella. Además de codirigir junto a Tomás Gutiérrez Alea las exitosas *Fresa y chocolate* (1993) y *Guantanamera* (1994), ha dirigido las películas *Se permuta, El elefante y bicicleta, Enredando sombras* y *Lista de espera* entre otras.

ACTIVIDAD **2:**

En esta actividad se destacan algunas estructuras que han aparecido en el fragmento cinematográfico. Se proponen varias respuestas posibles entre las que averiguar el significado correcto con la ayuda del contexto.

ACTIVIDAD **3:**

Actividad de comprensión auditiva cuyo objetivo es la comprensión y la discriminación de información mediante el recurso didáctico de determinar la verdad o falsedad de algunas afirmaciones referidas a la entrevista que escucharemos. Además ampliaremos la información sobre la película. Tras la primera audición el profesor/a resuelve las dudas de vocabulario que puedan plantearse. Los alumnos/as escuchan la grabación de nuevo y responden a las preguntas de verdadero o falso. El control de la actividad se realiza en grupo.

CUADERNO DE EJERCICIOS

Las actividades que se proponen en el *Cuaderno de ejercicios* responden, por un lado, a ejercicios que sirven de complemento a los propuestos en el *Libro del alumno* y, por otro lado, aportan nuevos contenidos a los ya desarrollados en la unidad correspondiente. Estos ejercicios podrán llevarse a cabo en casa como ejercitación complementaria que será posteriormente revisada en el aula o, por el contrario, podrán integrarse en el desarrollo didáctico de la unidad.

SOLUCIONARIO

LIBRO DEL ALUMNO

Pretexto

ACTIVIDAD **1**

1. E; **2**. D; **3**. C; **4**. B; **5**. A.

ACTIVIDAD **2**

1. O sea; **2**. me explico; **3**. Verás; **4**. Me sigues.

Vamos a practicar

ACTIVIDAD **1**

La universidad de Londres en la que estudia español tiene un convenio con varias universidades españolas, entre ellas con la de Granada.

–Quería escribir un trabajo sobre el flamenco y pensó que debía ir a alguna ciudad de Andalucía.

–Granada, es una ciudad pequeña.

–Los alquileres no son muy caros.

–Está cerca del mar.

–No hay muchos estudiantes extranjeros.

–La universidad tiene mucha tradición en la enseñanza del español.

ACTIVIDAD **2**

1. como es que; **2**. Por qué; **3**. es que; **4**. como; **5**. en vista de que; **6**. gracias a; **7**. por culpa de.

ACTIVIDAD **3**

1. ha llevado, aparcar; **2**. vienes, llegaba; **3**. quisiera, resultó; **4**. pueda; **5**. ocurrió.

ACTIVIDAD **4**

has venido, sé, siento, salir, he encontrado, salías, estudiábamos, hacía, veíamos, quería, ha invitado, has llamado, he llamado, quisiera, era.

ACTIVIDAD **5**

Damos un ejemplo pero hay muchas posibilidades.

1. No es que no tuviera dinero, tenía algo ahorrado pero, la verdad, me daba miedo gastármelo en unas vacaciones y quedarme luego sin nada.

2. No, me duele un poco el estómago, de verdad, la comida no me ha sentado muy bien, no es porque no quiera engordar.

3. No, no es que esté enfadada contigo, de verdad, es que últimamente no me apetece mucho salir.

4. No, no, no es que no pueda olvidarla a ella, es que no consigo olvidar esta maravillosa ciudad.

Se dice así y así se escribe

ACTIVIDAD **3**

pausa, diciembre, siempre, traed, tenéis, cuídate, aéreo, ¿cuándo?, jersey, tiempo.

ACTIVIDAD **4**

A LA INMENSA MAYORÍA

Aquí tenéis, en canto y alma al hombre aquel que amó, vivió, murió por dentro y un buen día bajó a la calle: entonces comprendió: rompió todos sus versos.

Así es, así fue. Salió una noche echando espuma por los ojos, ebrio de amor, huyendo sin saber adonde: adonde el aire no apestase a muerto.

Tiendas de paz, brizados pabellones, eran sus brazos, como llama al viento; olas de sangre contra el pecho, enormes olas de odio, ved, por todo el cuerpo.

¡Aquí! ¡Llegad! ¡Ay! Ángeles atroces en vuelo horizontal cruzan el cielo; horribles peces de metal recorren las espaldas del mar, de puerto a puerto.

Yo doy todos mis versos por un hombre en paz. Aquí tenéis, en carne y hueso, mi última voluntad. Bilbao, a once de abril, cincuenta y tantos.

Un paso más

ACTIVIDAD **2**

Así ¿cómo? **c**; ¿Voy a haber salido de la nada? **b**; ¿Quién dijo? **a**; ¡Porque sí, ya te lo he dicho!

ACTIVIDAD **3**

a. F; b. V; c. V.

CUADERNO DE EJERCICIOS

ACTIVIDAD **1**

1. C; **2.** E; **3.** B; **4.** A; **5.** F; **6.** D.

ACTIVIDAD **2**

Damos un ejemplo pero hay muchas posibilidades.

1. No es que estuviera enfadada, sino que no tenía tiempo; **2.** Me iría pero no porque quiera dejar de verte, sino porque sería una buena oportunidad para mejorar mi futuro profesional; **3.** No me fui sin despedirme porque no me lo prestaras, sino porque tenía mucha prisa.

ACTIVIDAD **3**

1. salir, estuviera, es; **2.** tomemos; **3.** dejes, eres; **4.** has dicho, termines, te preocuparas; **5.** está, está, ver; **6.** aparcar.

ACTIVIDAD **4**

1. E; **2.** F; **3.** H; **4.** C; **5.** G; **6.** D; **7.** B; **8.** A.

ACTIVIDAD **5**

1. 6; **2.** 10; **3.** 5, 8; **4.** 11, 12, 11; **5.** 2, 9, 4; **6.** 10, 9; **7.** 9, 3, 4, 9.

ACTIVIDAD **6**

Por fin una noche no se encontraron en la ermita, sino en la residencia de los Sommers. Para llegar a ese instante, Eliza pasó por el tormento de infinitas dudas porque comprendía que era un paso definitivo. Sólo por juntarse en secreto, sin vigilancia, perdía la honra, el más preciado tesoro de una muchacha, sin la cual no había futuro posible. (...) pensó que no tenía atenuante para la falta que iba a cometer, lo hacía con premeditación y cálculo. A las dos de la madrugada, Joaquín Andieta se las arregló para introducirse como un ladrón por la terraza de la biblioteca, donde le esperaba Eliza en camisa de dormir y descalza, tiritando de frío y ansiedad. Lo tomó de la mano y lo condujo a ciegas a través de la casa hasta un cuarto trasero donde se guardaba, en grandes armarios, el vestuario de la familia y en cajas diversas los materiales para vestidos y sombreros usados y vueltos a usar por Miss Rose a lo largo de los años. (...) A Eliza le parecía el sitio más seguro, lejos de las otras habitaciones de la casa. De todos modos, como precaución, había puesto valeriana en la copita de anisado que Miss Rose bebía antes de dormir, y en la de brandy que saboreaba Jeremy mientras se fumaba su cigarro de Cuba después de cenar. Conocía cada centímetro de la casa, sabía exactamente donde crujía el piso y cómo abrir las puertas para que no chirriaran, podía guiar a Joaquín en la oscuridad sin más luz que su propia memoria, y él la siguió, dócil y pálido de miedo, ignorando la voz de la conciencia, confundida con la de su madre que le recordaba implacable el código de honor de un hombre decente. Jamás le haré a Eliza lo que mi padre hizo a mi madre, se decía mientras avanzaba a tientas de la mano de la muchacha...

Diptongos: premeditación, precaución después, siguió.

Hiatos: comprendía, perdía, hacía, parecía, había, debía, conocía, bebía, sabía, crujía, podía, frío.

unidad 4 ¡COMO NO...!

Objetivos

En la unidad 4 el alumno/a aprenderá y consolidará la expresión de la condición en sus diferentes modalidades y con sus principales recursos lingüísticos; también introducirá en sus recursos expresivos, la formación de las comparaciones hipotéticas y la utilización del reproche como elemento argumentativo hacia el interlocutor. Los elementos discursivos se ven constantemente ampliados bien con muestras de lengua hablada, pero siempre en el registro comúnmente aceptado, bien de lengua escrita (y éstas son siempre de autores actuales). La propuesta cinematográfica viene de la mano de Luis Buñuel: *Viridiana,* y sirve plenamente para utilizar los recursos expresivos más importantes que en ella aparecen: *Si tú supieras..., Si yo te pidiera..., ¿Te parece poco...?*

LIBRO DEL ALUMNO

PRETEXTO

El objetivo de esta sección es **presentar** los nuevos contenidos en diversas situaciones de la vida cotidiana, a través de un conjunto de muestras de lengua: un texto periodístico y un texto literario. Las muestras de lengua corresponden, por lo tanto, a un español elaborado, propio de un texto escrito. Procederemos de la siguiente manera:

a. Los alumnos/as escuchan la grabación.
b. El/la docente resuelve las dudas de vocabulario que puedan surgir.
c. Los alumnos/as escuchan la grabación de nuevo.
d. Lectura del texto.
e. El/la docente llama la atención sobre las estructuras gramaticales que nos disponemos a revisar (presentadas en la unidad 10 de *Nuevo español sin fronteras 2).* Los alumnos/as, en parejas, completarán los esquemas gramaticales.

ACTIVIDAD **1:**

Actividad de realización libre que tiene como propósito la práctica de estructuras para expresar hipótesis. Continuaremos la revisión de las estructuras explicadas. Si los alumnos ya conocen otras estructuras para expresar la condición les pediremos que las utilicen.

Sugerencia

Ampliaremos la actividad con un ejercicio de expresión escrita. Los alumnos escribirán un texto sobre otro grave problema de la humanidad: la carta de un niño que explica la situación de pobreza y hambre de su país, por ejemplo. En el texto incluirán amenazas, hipótesis y reproches como en el *Pretexto.*

ACTIVIDAD **2:**

Fragmento de la novela *Atlas de geografía humana* de Almudena Grandes.

a. Lectura del texto.
b. Los alumnos/as destacarán las ideas generales.

c. El profesor/a explicará el significado de los vocablos que presenten dificultad para los alumnos/as. Como alternativa, los alumnos/as trabajarán en grupos o en parejas con el diccionario.

Sugerencias

1. Antes de la lectura los alumnos/as imaginarán, a partir del título, cuál puede ser el contenido del texto.
2. Después de leer y analizar el texto, iniciaremos un debate sobre los temas propuestos por Almudena Grandes. Hablaremos de las relaciones de pareja, de los cambios que una pareja estable provoca en la vida de un soltero/a, de las infidelidades... Siempre que los alumnos/as estén dispuestos, se hablará también de su situación personal, de cómo han evolucionado, de cómo han evolucionado las personas que tienen cerca... y de cómo *hubiera sido su vida si no hubieran conocido a...*

Almudena Grandes. *Escritora (Madrid, 1960)*

Se dio a conocer con una novela: *Las edades de Lulú* que fue galardonada con el Premio La sonrisa vertical de marcado carácter erótico. Después publicó *Te llamaré Viernes, Atlas de geografía humana, Malena tiene nombre de tango, Castillos de cartón,* etcétera.

VAMOS A REFLEXIONAR

Esta sección **sistematiza** en esquemas los **contenidos gramaticales y funcionales** de la unidad, los cuales ya han sido presentados anteriormente. El hecho de que esta sección se centre en los contenidos no implica que la presentación de los mismos se haga de una forma rutinaria y alejada de la práctica; por ello, haremos algunas sugerencias en este sentido. Es conveniente que el docente se ayude con la pizarra, el retroproyector y materiales adicionales.

Expresar amenaza

En el primer apartado de esta sección se introduce la construcción *como* + subjuntivo para expresar amenaza. Se sistematizan también otros valores de *como:* adverbio que denota causa, adverbio de modo, adverbio interrogativo y adverbio que denota condición.

Expresar una comparación hipotética

Se presentan las construcciones *como si / igual que si / lo mismo que si / de igual forma que si/del mismo modo que si* + subjuntivo para la expresión de comparaciones hipotéticas.

Sugerencia

Para comprobar que los alumnos/as han comprendido estas estructuras les pediremos que escriban un minidialógo en el que aparezcan dichas estructuras, referidas tanto a dos acciones simultáneas (en pretérito imperfecto de subjuntivo) como a una acción anterior a otra (en pretérito pluscuamperfecto de subjuntivo).

Expresar condición e hipótesis con otras estructuras

Ampliación de las construcciones condicionales presentadas en la unidad 10 del *Nuevo español sin fronteras 2.* Una vez asimiladas las tres estructuras básicas introducidas por la conjunción *si,* explicaremos las nuevas estructuras.

Sugerencias

1. Revisaremos las tres estructuras condicionales siguiendo el mismo esquema que utilizamos cuando las presentamos en el *Nuevo español sin fronteras.*
2. Pensaremos en casos en los que la realización de algo depende de una condición. Dividiremos la pizarra en tres secciones:

POSIBLE	POCO PROBABLE	IMPOSIBLE
Si la vida **es** un juego, **jugad** a tener menos cosas.	**Si** mi vida total **estuviera** programada para un año de los vuestros, hoy **me encontraría** en la última semana de diciembre.	**Si hubiéramos cuidado** la Tierra, ahora no **tendríamos** tantos problemas ecológicos.

Los alumnos volverán a leer el *Pretexto,* subrayarán las frases condicionales y las colocarán en la sección correspondiente. Revisarán las diferencias de las tres estructuras condicionales y recordarán los tiempos verbales que éstas exigen:

***Si* + presente**	**presente** **futuro/presente de *ir a* + infinitivo** **imperativo afirmativo o negativo**
***Si* + imperfecto de subjuntivo**	**condicional simple**
***Si* + pluscuamperfecto de subjuntivo**	**condicional perfecto** **pluscuamperfecto de subjuntivo**

2. Una vez revisadas las tres estructuras les pediremos que escriban nuevas frases en las que aparezca la condición, justificando el uso del tipo de condicional que elijan.
3. Se presentarán las nuevas estructuras. Se le entrega a cada alumno una pregunta a la que tendrá que responder brevemente utilizando alguna de las nuevas construcciones.

   ¿Puedo hacer una llamada?
   Sí, pero con la condición de que no te pases media hora hablando.
   Vale, ¡con tal de que me dejes en paz...!
   No, lo siento, a no ser que sea muy importante tengo prohibido utilizar este teléfono.

Leeremos una pregunta y pediremos a un alumno que lea su respuesta. Éste a su vez leerá la pregunta que le habíamos entregado y el siguiente alumno propondrá una respuesta. La lectura desordenada de las respuestas hace que algunas propuestas sean divertidas, ridiculas, absurdas... y nos permite introducir el elemento lúdico en el aprendizaje.

Reprochar algo a alguien

Presentamos tres estructuras que se utilizan para explicar que no hemos hecho algo porque nos faltaba una información. A menudo esta expresión incluye el reproche cuando la persona a la que se lo estamos diciendo es la que, disponiendo de ella, no nos ha facilitado la información que habría cambiado nuestros actos.

VAMOS A PRACTICAR

En esta sección **consolidaremos** de forma oral y/o escrita los contenidos de la unidad, mediante un conjunto de actividades que ejercitan las cuatro destrezas lingüísticas.

ACTIVIDAD **1:**

En esta primera actividad se propone una práctica de comprensión auditiva que insiste en las formas para expresar comparación hipotética. Tras oír la grabación, los estudiantes tratarán de adivinar de qué se habla en cada uno de los diálogos. En grupo, compararemos los resultados con la solución correcta. Si lo consideramos necesario, escucharemos de nuevo la grabación.

ACTIVIDAD **2**

En esta actividad los alumnos/as ejercitan las expresiones condicionales que hemos explicado en la sección de gramática. Completarán el diálogo por parejas con las expresiones que aparecen en el recuadro y haremos el control de la actividad en grupo. Si es necesario explicaremos nuevamente las estructuras que hayan causado problemas.

ACTIVIDAD **3:**

En parejas, los alumnos/as completarán las situaciones dialogadas que se proponen, conjugando el verbo en el tiempo y modo adecuados; a continuación se hará el control de la actividad en grupo.

ACTIVIDAD **4:**

Proponemos un ejercicio formal y controlado para consolidar el uso de la expresión de amenaza *como* + subjuntivo. Una vez que los alumnos se hayan familiarizado con el modelo, realizaremos la actividad en pequeños grupos o en parejas y su control, en grupo.

ACTIVIDAD **5:**

Esta actividad tiene como objetivo practicar el tercer tipo de estructuras condicionales, el que se refiere al pasado y por lo tanto habla de acciones cuya realización es imposible. Una vez leído el texto los alumnos/as realizan la actividad por parejas. Siguiendo el modelo, harán las transformaciones estructurales que sean necesarias.

Sugerencia

Así como Manolo ha perdido las ganas de ir a la universidad los alumnos pueden recordar momentos reales de su vida que hubieran podido ser diferentes, mejores o peores, si los acontecimientos se hubieran sucedido de diferente manera. Esta actividad complementaria se realizará de forma oral o por escrito, como el docente lo considere más conveniente.

ACTIVIDAD 6:

Actividad de realización libre. Tras la lectura del texto el/la docente explicará el significado de los vocablos que presenten dificultad para los alumnos/as. En pequeños grupos elegirán una de las tres escuelas propuestas, utilizando las nuevas estructuras para expresar condiciones e hipótesis. Después defenderán ante el resto del grupo la opción elegida. Plantearemos un debate sobre las ventajas e inconvenientes de las tres ciudades, las tres escuelas, las actividades complementarias...

Sugerencia

Les proporcionaremos una ficha que deberán rellenar tras la lectura de la información que se les proporciona en los tres textos. En ella indicarán las ventajas e inconvenientes de cada una de las escuelas.

ESCUELAS	VENTAJAS	INCONVENIENTES
Español y vela en el Puerto de Santa María		
Universidad Internacional Menéndez Pelayo		
Instituto europeo de idiomas		

SE DICE ASÍ Y ASÍ SE ESCRIBE

ACTIVIDAD 1:

Antes de leer el esquema de la actividad 2 invitaremos a los alumnos/as a reflexionar sobre la acentuación de los hiatos. Si alguno de ellos conoce las reglas de acentuación intentará explicárselas a sus compañeros/as.

ACTIVIDAD 2:

Sistematización de las reglas de acentuación cuando hay dos vocales que forman un hiato. Sugerimos que los alumnos propongan palabras en las que la sílaba tónica forme parte de un hiato para asegurarnos de que han comprendido las nuevas reglas.

ACTIVIDAD 3:

Actividad de comprensión auditiva que tiene como propósito la práctica de las reglas de acentuación de los hiatos.

Josefina R. Aldecoa. *Escritora (La Robla, León, 1926)*

Doctora en filosofía y letras. Ha escrito el volumen de cuentos *A ninguna parte* y las novelas *La enredadera, Porque éramos jóvenes, El vergel, Historia de una maestra* y *En la Distancia,* entre otras.

UN PASO MÁS

ACTIVIDAD 1:

Antes de la lectura.

¿Qué ocurre cuando Viridiana visita a su tío? ¿Qué transformación importante puede sufrir una joven que está a punto de profesar?

Durante la lectura.

En primer lugar, el texto tiene que ser leído por varias personas y, como siempre, haciendo hincapié en la entonación adecuada.

Después contrastarán los comentarios previos a la lectura con el texto.

Después de la lectura.

¿Qué decisión tomará Viridiana después de escuchar la petición de su tío? ¿Volverá al convento? ¿Se casará con D. Jaime?

Por último.

Ver la película en clase y realizar un análisis de la misma. Contrastar su contenido con las hipótesis iniciales sobre el tema. Debate sobre los asuntos planteados por la película que despierten mayor interés.

Ampliación por escrito.

Si se considera necesario, se puede pedir a los alumnos que resuman por escrito el tema planteado por la película que les haya causado mayor interés. De esta forma tendrán los elementos necesarios para una tarea de expresión escrita que no los dejará solos frente a la página en blanco.

Luis Buñuel. *Director de cine (Calanda, Teruel, 1900 - México, 1983)*

Durante sus estudios en Madrid se instaló en la Residencia de Estudiantes, donde pronto trabó amistad con Federico García Lorca, Salvador Dalí y Rafael Villa entre otros, amistad que cambiaría totalmente su trayectoria de futuro. En 1929, ya en París, formará parte del grupo surrealista. En 1961 comienza en España el rodaje de *Viridiana,* con la que logrará la Palma de Oro de Cannes y el Gran Premio de la Prensa Francesa. Recibe asimismo varias condecoraciones y distinciones. Algunos de sus títulos más conocidos son *El ángel exterminador, El diario de una camarera, Belle de Jour* (León de San Marcos del Festival de Venecia), *Tristana, El discreto encanto de la burguesía* (mejor película del año y mejor Director de Cine de 1972 en la Sociedad Nacional de Críticos de Cine de Estados Unidos), entre otras.

ACTIVIDAD 2:

La actividad que cierra esta sección propone una dramatización en la que se integra gran parte de los usos y funciones que se han introducido en la unidad, por lo que puede servir de consolidación o de comprobación de lo aprendido. El alumno/a A tendrá que utilizar los recursos expresivos necesarios para tratar de convencer al alumno/a B, hablará de las consecuencias negativas que para él/ella tendría rechazar el nuevo destino... El alumno/a B rechazará la propuesta del alumno/a A, hablará del perjuicio que para él supondría el traslado a Australia. Ambos utilizarán las expresiones condicionales presentadas en esta unidad tantas veces como sea posible. Cada pareja podrá elegir un final más o menos feliz para esta discusión.

CUADERNO DE EJERCICIOS

Las actividades que se proponen en el *Cuaderno de ejercicios* responden, por un lado, a ejercicios que sirven de complemento a los propuestos en el *Libro del alumno* y, por otro lado, aportan nuevos contenidos a los ya desarrollados en la unidad correspondiente. Estos ejercicios podrán llevarse a cabo en casa como ejercitación complementaria que será posteriormente revisada en el aula o, por el contrario, podrán integrarse en el desarrollo didáctico de la unidad.

SOLUCIONARIO

LIBRO DEL ALUMNO

Vamos a practicar

ACTIVIDAD **1**

1. resaca; **2**. enfermedad sin diagnosticar, jaqueca.

ACTIVIDAD **2**

1. como si; **2**. a no ser que; **3**. con la condición de que; **4**. sí, siempre y cuando; **5**. Como, a menos que.

ACTIVIDAD **3**

1. estoy, dejan, independízate, llevo, te independizaras, vivirías, daría, fuera, buscaría, dejaría; **2**. puedes, te preocupes, surge, llámame, te preocupes, vete, llame, surja.

ACTIVIDAD **4**

1. Como sigas fumando, vas a enfermar; **2**. Como no te pongas protección solar, te vas a quemar; **3**. Como no tengas cuidado, te vas a cortar; **4**. Como no uses gorro de baño, te van a llamar la atención; **5**. Como no uses gafas de sol, te vas a dañar los ojos.

ACTIVIDAD **5**

2. Si los administrativos hubieran trabajado por la tarde y hubieran contestado a la llamada de Manolo...; **3**. Si hubiera sabido que debía recoger un papelito...; Si hubiera visto el papelito naranja no hubiera tenido ningún problema con el encargado y...

Se dice así y así se escribe

ACTIVIDAD **3**

Juana crecía fuerte y sana. Era una niña alegre. Tenía ya dos años y medio y parloteaba. Le gustaban las palabras. Se quedaba en suspenso cuando descubría una y la repetía hasta que le era familiar y la incorporaba a su vocabulario personal. Por la noche, antes de dormirse repasaba bajito las nuevas palabras que le habían sorprendido por su sonoridad o le hacían gracia por alguna incomprensible razón. Zapato, calamar, araña. Seleccionaba las palabras como hacía con las piedrecitas del río: las redondas, las picudas, las grises, las que tienen manchas. Como las piedras, las escogía y las atesoraba y las sacaba a la luz o las acariciaba en la penumbra mientras llegaba el sueño: arena, viento, peine. Juana dormía en una de las alcobas. En la otra dormíamos nosotros y las puertas de ambas daban al cuartito del balcón por donde entraban la luz y el aire. Una noche me desperté y, sin saber por qué, me lancé al cuarto de la niña.

La cama estaba vacía. Corrí a la cocina, volví a nuestra habitación, desperté a Ezequiel. Los dos gritamos ¡Juana! Y enseguida estalló el llanto debajo de su cama.

CUADERNO DE EJERCICIOS

ACTIVIDAD **1**

Hay varias soluciones posibles. Ofrecemos un ejemplo como modelo:

1. Podrá rodar las escenas que desea siempre y cuando presente una solicitud por escrito y se la aprueben.

ACTIVIDAD **2**

pidieras, concederían, intentaras, comenté, puso, trasladaron, trasladaron, hacía, quieres, intentas, estuvieras, fuera, vivamos, quieras, concedieran, pasaríamos, mantuvieran, intentas, concedieran, dejáramos, quieras, gastemos, fueras, fueras.

ACTIVIDAD **3**

Las soluciones posibles son varias, ofrecemos las siguientes a modo de ejemplo:

1. Pues como no vayas, tu tía se enfadará muchísimo contigo, ya la conoces.
2. Pues como no lo termines, no pienses que vas a cobrar.
3. Como no lo descubras, vas a perder tu trabajo.
4. Como no se dé usted prisa, se lo van a quitar de las manos.
5. Como no te tranquilices el día de la boda, vas a estar de los nervios.

ACTIVIDAD **4**

Damos un ejemplo, pero hay pocas posibilidades.

1. No te tomes la valeriana a menos que tengas insomnio.
2. Si hubiera tenido prisa, habría cogido el coche.
3. No suelo ir al dentista siempre y cuando no tenga dolor de muelas.
4. Si hubiera tenido estrés por el trabajo, me habría cogido el mes de vacaciones ahora.
5. No le cuentes todo a no ser que le veas muy alegre.

ACTIVIDAD **5**

Damos un ejemplo, pero hay muchas más posibilidades.

1. ¿Cómo es que no nos lo han dicho antes? Si lo hubiéramos sabido, lo habríamos comprado el otro día.
2. ¿Cómo no me lo dijiste? Si me hubieras avisado, habría ido.
3. ¿Cómo es que nadie se había dado cuenta? Si lo hubierais dicho antes, habríamos comprado más.
4. ¿Por qué no me lo habías dicho? Si lo hubiera sabido, las habría comprado antes.
5. ¿Cómo es que no me lo preguntaste? Si me lo hubieras propuesto, me habría encantado acompañarte.

ACTIVIDAD **6**

Sousa se sintió perplejo. Iba con la idea de que se trataba de visitar a un agonizante. Afrontó incomodado el encargo de arrancarle sus últimas palabras a un anciano de vida agitada. Pensaba escuchar un hilo de voz incoherente, la lucha patética contra el mal de Alzheimer. Jamás habría podido imaginar una agonía tan luminosa, como si en realidad el paciente estuviese conectado a un generador. No era esa su enfermedad, pero el doctor Da Barca tenía la belleza física de los tuberculosos. Los ojos agrandados como lámparas vedadas de luz. Una palidez de loza, barnizada de rosa en las mejillas. Aquí tienes al reportero, dijo ella sin dejar de sonreír. Fíjate qué jovencito. No tan joven, dijo Sousa, mirándola con pudor. Ya fui más de lo que soy. Siéntese, siéntese, dijo el doctor Da Barca. Estaba paladeando este oxígeno. ¿Le apetece un poco?

El reportero Sousa se sintió algo aliviado. Aquella bella anciana tras la llamada de la aldaba, que parecía escogida para un capricho por el cincel del tiempo. Aquel grave enfermo, hospitalizado hasta hacía dos días, animoso como un campeón ciclista. En el periódico le habían dicho; hazle una entrevista. Es un viejo exiliado. Cuentan que hasta trató al Che Guevara en México.

unidadA REPASO

Objetivos

El objetivo fundamental de esta unidad es la **revisión y control** de los contenidos y habilidades adquiridos a lo largo de las unidades 1, 2, 3 y 4. Creemos que es una buena manera de que el alumno/a adulto sepa en qué punto del proceso de aprendizaje se encuentra y pueda así controlar su propia evolución.

Son varias las maneras de proceder para llevar a efecto las actividades que se proponen en esta unidad.

a. Los alumnos/as realizan los ejercicios en casa y el día acordado se lleva a cabo el control, primero, en parejas, y después, en grupo.
b. Se utiliza como ejercicio de control que será corregido y evaluado por el/la profesor/a.
c. Se programa una clase especial de revisión de contenidos y se desarrolla cada uno de los ejercicios sin que sea necesario un trabajo previo por parte de los alumnos/as.

El/la docente/a decidirá cuál de los procedimientos sugeridos es el idóneo para el contexto docente en que se encuentre y tendrá en cuenta también las preferencias de los alumnos/as.

La tipología de actividades que se propone es similar a la aparecida a lo largo del resto de las unidades, por lo que no creemos necesario hacer ninguna observación en cuanto a procedimientos didácticos en esta unidad de revisión.

SOLUCIONARIO

ACTIVIDAD **1**

1. me cuesta; **2.** no se le ve el pelo; **3.** ¿Y de qué va?; **4.** pegar ojo, hasta las tantas; **5.** sin ir más lejos; **6.** O sea; **7.** ¿Me sigues?; **8.** ¿Me explico?, vamos; **9.** ¡Vaya follón!; **10.** ¡Vete tú a saber!

ACTIVIDAD **2**

celebramos, Decidimos, está, resulta, habrá encontrado, estábamos, se habrá casado, salía, habrá encontrado, Llegué, estaba, quería, pusiera, esperaba, llegó, ha cambiado.

ACTIVIDAD **3**

Ofrecemos una solución posible como ejemplo.

Dice Laura que acaba de volver de vacaciones y que se lo ha pasado fenomenal. Ha ido al club y le han dicho que las clases de aeróbic empiezan de nuevo dentro de una semana, quiere saber si vas a continuar este año y si te gustaría participar con ella como pareja en un torneo de paddle que ha visto anunciado en el tablón, que espera que quieras y que se lo digas cuando la veas. Y que si necesitas que se quede algún día con los niños que se lo digas, que tiene todas las tardes libres y que tus hijos son adorables. También te manda un beso.

Dice Miranda que le alegró mucho tener noticias tuyas y saber que has disfrutado en las vacaciones, que te las merecías. Dice que ella se ha quedado casi todo el verano en Madrid, y que le daba mucha envidia pensar que tú estabas en la playa. Dice también que tiene una noticia muy importante que darte, que está embarazada y que, aunque también que ha sido una sorpresa para ellos, están encantados. Así que no cree que el paddle o el aeróbic sean ejercicios adecuados, que se dedicará a dar grandes paseos y que si quieres podéis ir juntas. Siente no poder ser tu pareja en el torneo pero a su hermana le encantaría y te sugiere que la llames. Te agradece mucho lo de los niños y espera verte pronto.

ACTIVIDAD **4**

Dígame, Llevo, habías metido, tenía, desconecté, quieras, dejemos, deberías, hubiera tenido, habría podido, siento, ha escapado, habrá metido, es, ha robado, es, seas, estará, has avisado, aparezca, llamaré, hayas cogido.

ACTIVIDAD **5**

1. por, para; **2**. por; **3**. por; **4**. por; **5**. por.

ACTIVIDAD **6**

¿UNA SOCIEDAD HIPNOTIZADA?

Antes de la era digital, la implantación de los medios de comunicación de masas había logrado alterar sustancialmente las costumbres y formas de comportamiento de la gente. El teléfono, a costa de la ruptura de la intimidad, se convirtió feliz y paradójicamente en una prolongación de la misma. ¿Hay alguien que pueda imaginar lo que habrían sido los romances de este siglo si los adolescentes casaderos no hubieran podido hablar por este aparato? Por otro lado, la televisión transformó hasta extremos increíbles la convivencia familiar, y el fax amenazó con acabar con el correo tradicional. Todo esto nos oblig establecer una distribución diferente nuestro tiempo. Las necesidades del oci transformaron: el ámbito fundamental c comunicación, pública o privada, se refu en los hogares; se desarrollaron nue relaciones entre los usuarios y los me de comunicación. Habida cuenta de t esto, nadie se podrá extrañar del impor te impacto que el uso de las nuevas tec logías tendrá en los comportamier sociales e individuales.

El número de horas de consumo televi en los países industrializados varía e tres y cinco; de cualquier manera, cons yen un buen porcentaje del tiempo que manecemos despiertos. Entre las ocho y once de la noche más de una tercera p de la población mundial se encuentra s tada ante el televisor, independienteme de cuál sea la calidad de los programas se les ofrecen. No ha existido en la hist de la humanidad un fenómeno capaz condicionar por sí mismo los hábitos y formas de vida de tal número de person la vez.

En el caso de Internet, los navegantes ciberespacio necesitan una cantidad co derable de tiempo para adentrarse en aguas de la red. Lo cierto es que, por r dos que sean los servidores informátic expertos los cibernautas, la búsqueda datos y, sobre todo, el diálogo entre usuarios exigen, hoy por hoy, una canti de tiempo del que normalmente no di nemos.

unidad 5 ¡DIGAN LO QUE DIGAN!

Objetivos

En la unidad 5 el alumno/a ampliará sus recursos lingüísticos de forma natural para expresar las dificultades surgidas y que impiden la realización de un sueño, un trabajo, el cumplimiento de la palabra dada; asimismo el alumno/a encontrará los materiales comunicativos necesarios para expresar la seguridad personal en la palabra dada, en el cumplimiento de lo pactado y para expresar que inevitablemente lo dicho se cumple. También aprenderemos a convencer con argumentos a nuestro/s interlocutor/es mediante los procedimientos lingüísticos y comunicativos necesarios. Para ello se presenta un panel con las expresiones más adecuadas, y el fragmento de la película de Icíar Bollaín: *Hola, ¿estás sola?*

LIBRO DEL ALUMNO

PRETEXTO

El objetivo de esta sección es **presentar** los nuevos contenidos en una situación de la vida cotidiana: la carta de una hermana a un chico indeciso respecto a sus estudios. A pesar de tratarse de un texto escrito, y dada la proximidad entre la persona que escribe la carta y su destinatario, se trata de una muestra de lengua muy cercana al español estándar y coloquial peninsular. Procederemos de la siguiente manera:

- **a.** Los alumnos/as escuchan la grabación.
- **b.** El/la docente resuelve las dudas de vocabulario que puedan plantearse.
- **c.** Los alumnos/as escuchan la grabación de nuevo.
- **d.** Lectura del texto.
- **e.** El/la docente puede llamar la atención sobre algunos elementos léxicos o estructuras gramaticales.

ACTIVIDAD 1:

Actividad centrada en las estructuras gramaticales presentadas en el *Pretexto.* Tiene por objetivo interiorizar dichas estructuras. En esta actividad los alumnos deberán buscar su significado durante cinco o diez minutos. Después realizaremos el control del ejercicio en grupo.

La actividad incluye también un esquema de las oraciones concesivas con indicativo y subjuntivo, que revisa los contenidos presentados en la unidad 11 del *Nuevo español sin fronteras 2.*

Sugerencias

1. En parejas, los alumnos/as imaginan la carta que escribió primero Alfonso a su hermana.
2. Entre todos tratamos de responder a las siguientes preguntas: ¿Qué va a hacer Alfonso después de leer la carta que le ha escrito su hermana? ¿Qué decisión tomará? ¿Cuál será la reacción del resto de la familia...?

ACTIVIDAD 2:

Los alumnos/as, en parejas, representan el diálogo entre Alfonso y alguien –su hermana, por ejemplo– que trata de convencerlo para que se dedique a lo que realmente le gusta. Esta actividad tiene como propósito ejercitar de forma oral las nuevas estructuras para expresar la seguridad personal en la palabra dada, para expresar problemas que impiden el cumplimiento de algo y para expresar la inevitabilidad del cumplimiento de algo. También activarán sus conocimientos para convencer con argumentos a su/s interlocutor/es.

Sugerencias

1. Preguntaremos a nuestros estudiantes si en algún momento han pasado por una situación similar en la que hayan sido convencidos para llevar a cabo alguna idea arriesgada o en la que hayan convencido a alguien para que la llevara a cabo.
2. Entre todos tratamos de solucionar las dudas de Alfonso. Tras un pequeño debate llegaremos a un acuerdo sobre el camino que debe seguir.

VAMOS A REFLEXIONAR

Esta sección **sistematiza** en esquemas los **contenidos gramaticales y funcionales** de la unidad, que ya han sido presentados anteriormente. El hecho de que esta sección se centre en los contenidos no implica que su presentación se haga de una forma rutinaria y alejada de la práctica; por ello, haremos algunas sugerencias en este sentido. Es conveniente que el docente se ayude con la pizarra, el retroproyector y materiales adicionales.

Expresar problemas que impiden el cumplimiento de algo

Subrayaremos el diferente valor de la construcción *Por mucho / más + que* en indicativo y en subjuntivo.

Por mucho / más + que + indicativo: nos referimos a algo que ya realizamos; por mucho que estudiamos, comemos, bailamos... no conseguimos el cumplimiento de algo.

Por mucho / más + que + subjuntivo: nos referimos a una actividad hipotética, que aunque realizáramos nunca sería suficiente para el cumplimiento de lo que se expresa en la oración principal.

Expresar seguridad sobre el cumplimiento de algo

Presentamos esta nueva estructura y revisamos el uso de los relativos. Les pediremos a los alumnos/as más ejemplos: *venga quien venga, salga lo que salga, hagas lo que hagas...*

Expresar la inevitabilidad de algo

Expresión similar a la anterior pero más sencilla por la ausencia de relativo. Se trata simplemente de repetir el verbo, siempre en subjuntivo. Nuevamente los estudiantes buscarán más ejemplos.

Expresar un reproche

Se presentan las estructuras *y eso que / y mira que* + indicativo para expresar un reproche. Debemos subrayar que sólo las utilizamos ante el resultado negativo de una acción que ya habíamos previsto y habíamos avisado de ello.

Convencer a alguien. Exponer argumentos

Antes de leer el esquema podemos pedirles que recuerden las estructuras que ya conocen para convencer a alguien de algo y para exponer argumentos. A continuación presentaremos las nuevas estructuras.

Sugerencia

Proponemos que se mantenga un minidiálogo con un compañero/a. El alumno/a A expondrá sus argumentos y el alumno/a B tratará de convencerlo de que está equivocado. Dejaremos unos minutos para la preparación y después debe representarse, no leerse.

VAMOS A PRACTICAR

En esta sección **consolidaremos** de forma oral y/o escrita los contenidos de la unidad, mediante un conjunto de actividades que ejercitan las cuatro destrezas lingüísticas.

ACTIVIDAD 1:

Proponemos una actividad de comprensión auditiva en la que el alumno/a habrá de discriminar cierta información y sintetizar los consejos que escucharemos.

ACTIVIDAD 2:

En esta actividad los alumnos ejercitan las estructuras gramaticales que acabamos de presentar. Completarán los diálogos por parejas con los tiempos y modos adecuados y haremos el control de la actividad en grupo. Si es necesario explicaremos nuevamente las estructuras que hayan causado problemas.

ACTIVIDAD 3:

Proponemos un ejercicio formal y controlado para consolidar la estructura gramatical *por mucho que* + indicativo / subjuntivo que acabamos de presentar. Una vez que los alumnos se hayan familiarizado con el modelo, realizaremos la actividad en parejas y su control en grupo.

ACTIVIDAD 4:

Presentamos una nueva actividad formal y controlada, en este caso con el propósito de practicar las expresiones de reproche *y eso que / y mira que* + indicativo. Recordaremos a los alumnos que sólo las utilizamos cuando el reproche se refiere a algo que nosotros ya habíamos previsto y de lo que ya habíamos prevenido al interlocutor.

ACTIVIDAD 5:

Esta actividad tiene como propósito ejercitar de forma oral las estructuras que hemos visto y que sirven para expresar problemas que dificultan o impiden el cumplimiento de algo, para convencer a alguien de algo y para exponer nuestros argumentos.

Sugerencia

La actividad puede abrirse y acoger las ideas a favor y en contra de los propios alumnos, no tienen que limitarse necesariamente a las expuestas en el libro.

ACTIVIDAD **6:**

Actividad de realización libre cuyo propósito es la interacción oral y la consolidación de las estructuras que utilizamos para convencer a alguien de algo y para exponer nuestros argumentos. El tema propuesto nos obligará también a utilizar las construcciones concesivas.

a. Lectura de los artículos periodísticos.
b. El/la docente explicará el significado de los vocablos que presenten dificultad para los alumnos/as.
c. Plantearemos un debate sobre la eutanasia, sobre los motivos que existen para defenderla y condenarla. Justificarán su opinión personal y tratarán de convencer al resto del grupo.

SE DICE ASÍ Y ASÍ SE ESCRIBE

En esta actividad se analiza el uso de las expresiones que sirven para ordenar la argumentación. Los alumnos/as, por parejas, asociarán las expresiones con las explicaciones del recuadro de la izquierda. Realizaremos el control en grupo.

Sugerencia

Una vez completado el ejercicio, pediremos a los alumnos/as que escriban un breve texto sobre el tema que acabamos de tratar, la eutanasia, utilizando los organizadores del discurso presentados en esta sección.

UN PASO MÁS

ACTIVIDAD **1:**

Antes de la lectura

Lluvia de ideas en relación con el título de la película: ¿cuál creen que va a ser el tema de la misma? ¿Cuál será la relación entre las dos protagonistas?

Durante la lectura

En primer lugar, el texto tiene que ser leído por dos personas y, como siempre, haciendo mucho hincapié en la entonación adecuada.

Después, deben contrastar sus respuestas con lo que se acaba de leer. Propondremos nuevas preguntas para seguir realizando hipótesis sobre el desarrollo de la película: ¿consiguen la Niña y Trini lo que se proponen?

¿Cómo evoluciona su relación a lo largo de la película? ¿Encuentran a alguien dispuesto a ayudarlas o por el contrario los nuevos personajes no hacen más que complicar la situación...?

Por último

Ver la película en clase y realizar un análisis de la misma. Contrastar su contenido con las hipótesis iniciales sobre el tema y las sugerencias provocadas por el título. Debate sobre los asuntos planteados por la película: el valor de la amistad, el amor sin comunicación verbal...

Ampliación por escrito

Si se considera necesario, se puede pedir a los alumnos/as que escojan uno de los temas tratados en clase en relación con la película y que lo desarrollen por escrito. De esta forma tendrán los elementos necesarios para una tarea de expresión escrita que no los dejará solos frente a la página en blanco.

ACTIVIDAD **2:**

Esquema en el que se explican algunas de las estructuras y expresiones que han aparecido en el fragmento de la película: para protestar cuando nos responsabilizan de algo y no estamos de acuerdo, para manifestar que la respuesta a la pregunta que nos hacen es evidente o no tiene sentido, para hacer una hipótesis de realización imposible.

ACTIVIDAD **3, 4** y **5:**

Proponemos tres actividades formales y controladas para practicar las tres estructuras que se explican en la actividad 1. Una vez que los alumnos se hayan familiarizado con el modelo trabajarán en pequeños grupos o en parejas. Realizaremos el control del ejercicio en grupo.

Icíar Bollaín. *Directora y guionista de cine (Madrid, 1967)*

Debutó como actriz en 1983 en la película *El Sur.* Después de varios trabajos como actriz, se coloca por primera vez detrás de la cámara en 1993 y rueda dos cortometrajes: *¡Baja corazón!* y *Los amigos del muerto.* En 1995 rodó su primer largometraje como directora: *Hola, ¿estás sola?*, con el que ganó el premio al mejor nuevo director en el Festival de Cine de Valladolid. Obtuvo otros premios con películas como *Flores de otro mundo* (Premio de la Crítica, Festival de Cannes, 1999) y *Te doy mis ojos* (Premios Goya a la mejor dirección y al mejor guión, 2003).

CUADERNO DE EJERCICIOS

Las actividades que se proponen en el *Cuaderno de ejercicios* responden, por un lado, a ejercicios que sirven de complemento a los propuestos en el *Libro del alumno* y, por otro lado, aportan nuevos contenidos a los ya desarrollados en la unidad correspondiente. Estos ejercicios podrán llevarse a cabo en casa como ejercitación complementaria que será posteriormente revisada en el aula o, por el contrario, podrán integrarse en el desarrollo didáctico de la unidad.

LIBRO DEL ALUMNO

Pretexto

ACTIVIDAD **2**

1. D; **2.** B; **3.** E; **4.** C; **5.** A.

ACTIVIDAD **2**

Damos un ejemplo: aunque el mundo del cine sea muy arriesgado; a pesar de que no tengas contactos y sea difícil conseguir un trabajo fijo y estable; se interese o no la gente por el cine intelectual; tú tienes que ser valiente y hacer lo que realmente te guste.

Vamos a practicar

ACTIVIDAD **1**

–que sea perseverante.
–que tenga mucha disciplina y fuerza de voluntad.
–la formación específica no es imprescindible pero las escuelas de imagen y cine pueden ayudar a hacer contactos en el mundillo del cine.
–nunca se debe descuidar el guión confiando en que unos buenos actores pueden salvar la película.
–es importante estar presente en todos los concursos, los premios son el único medio de dar a conocer una película.

ACTIVIDAD **2**

1. como, haga, haga; **2.** había, hubiera tenido; **3.** quiera; **4.** tuviera; **5.** digas, pienso; **6.** tengo, vaya, creas; **7.** estudio.

ACTIVIDAD **3**

Ejemplo:

1. ¡Estoy desesperado! Por mucho que estudio el subjuntivo, sólo lo recuerdo cuando estoy haciendo ejercicios, ¡nunca seré capaz de utilizarlo al hablar! Tranquilízate, eso es normal. Tienes que estudiar despacio y esperar con paciencia a que tu cerebro logre asimilar tanta información.

ACTIVIDAD **4**

Ejemplo:

1. ¡Vaya! ¡La chaqueta ha salido de la lavadora como para la Barbie! Mira que te dije que la lavaras a mano, pero como no me haces caso nunca...

ACTIVIDAD **6**

2, 4, 9, 1, 8, 10, 6, 5, 3, 7.

Se dice así y así se escribe

1. en primer lugar; **2.** no obstante; **3.** en conclusión; **4.** para empezar; **5.** creo que; **6.** lo cierto es que; **7.** por el contrario; **8.** por un lado; **9.** con respecto a; **10.** es decir.

Un paso más

ACTIVIDAD **3**

Damos un ejemplo:

1. ¡Oye, que yo no soy el único que come pan en la cena!
2. ¡Oye, que yo no tengo la culpa de que este coche consuma tanto!
3. ¡Oye, que yo no tengo la culpa de que tus amigos fumen como carreteros!
4. ¡Oye, que yo no fui la única que bebió anoche!

ACTIVIDAD **4**

1. ¿Cómo que dónde las he puesto?
2. ¿Cómo que cuándo pienso cortárselo?
3. ¿Cómo que no pienso poner la mesa?
4. ¿Cómo que voy a pasarme la tarde hablando por teléfono?

SOLUCIONARIO

ACTIVIDAD **5**

1. Si hubiera tenido un teléfono móvil, te habría avisado.
2. Si hubieras practicado más y hubieras estado menos nervioso, no habrías suspendido.
3. Si le hubieras pedido perdón, habría hablado contigo.
4. Si hubieras puesto el despertador, no te habrías quedado dormido.

CUADERNO DE EJERCICIOS

ACTIVIDAD **1**

1. F; **2.** B; **3.** A; **4.** D; **5.** E; **6.** G; **7.** C; **8.** H.

ACTIVIDAD **2**

1. Digan, digan, hubieran puesto; **2.** crea, vayas; **3.** intento, sea, sea, llame, ponga, envíe; **4.** habías engordado, pusieras, hiciera; **5.** sea, sea; **6.** apetezca; **7.** he dicho, aparcaras; **8.** fueras, prendieras; **9.** llamara, llamara, quería, terminara, intentaría, pusiera; **10.** quieras, hablaras, crea; **11.** dije, cojieras, fuera; **12.** creas, sorprenda; **13.** pedí, fueras; **14.** diga, diga; **15.** dependiera, sea.

ACTIVIDAD **3**

Solución múltiple.

ACTIVIDAD **4**

1. No le gustaba salir porque todos sabían que era extranjera y trataban de ligar con ella. España es muy ruidosa y se respeta una distancia corporal menor al hablar con alguien. **2.** No ha conseguido integrarse, no sabe si por su aspecto o por el acento. Se apuntó a hacer voluntariado pero no la llamaron. Con lo que más ha disfrutado ha sido con la parte artística y monumental de España. **3.** Ha descubierto lo que es el racismo, ha tardado dos meses en encontrar piso por ser negro. Lo que más le gusta de España son las españolas, que le parecen guapas y amables. **4.** Se ha relacionado más con extranjeros que con españoles. Lo que más le gusta es el ambiente multiétnico de Madrid y lo que menos, la gente borracha por la calle.

ACTIVIDAD **5**

1. H; **2.** G; **3.** J; **4.** A **5.** E; **6.** I; **7.** D; **8.** F **9.** C; **10.** B; **11.** H.

unidad 6 ¡NO ES TAN INCREÍBLE COMO IMAGINABA!

Objetivos

En la unidad 6 el alumno/a se encontrará con muestras de lengua (situaciones, diálogos, descripciones, narraciones...) que le ayudarán de forma espontánea y natural a describir, a expresar diferencias físicas, a expresar decepciones, a comparar tanto situaciones físicas como estados anímicos, a corroborar impresiones pasadas mediante los recursos lingüísticos y comunicativos más apropiados del español actual. Para su consecución, se presenta como refuerzo el fragmento dialogado de la película de Fernando Trueba: *Belle époque.*

LIBRO DEL ALUMNO

PRETEXTO

El objetivo de esta sección es **presentar** los nuevos contenidos de forma contextualizada en un texto literario. La muestra de lengua corresponde por lo tanto a la lengua escrita.

a. Los alumnos/as escuchan la grabación.
b. El/la docente resuelve las dudas de vocabulario que puedan plantearse.
c. Los alumnos/as escuchan la grabación de nuevo.
d. Lectura del texto.
e. El/la docente puede llamar la atención sobre algunos elementos léxicos o estructuras gramaticales.

Sugerencias

1. Antes de leer el texto, podemos hacer una lluvia de ideas sobre lo que sugiere el título de la novela de Ramón J. Sender. ¿Cuál será el tema de *La Tesis de Nancy?* ¿Y el tema de la tesis que escribe la chica? ¿Conseguirá esta estadounidense integrarse en la vida española?
2. Después de la lectura del texto, contrastaremos su contenido con las hipótesis iniciales.
3. Plantearemos un pequeño debate sobre los extranjeros, los turistas y los estereotipos: cómo creen que ven los españoles a los estadounidenses y al resto de los extranjeros, cómo tratamos los españoles a los turistas, cómo se ve en sus países a los españoles, cómo se trata en sus países a los extranjeros... Podrán también hablar de situaciones en las que no han comprendido bien lo que pasaba, de las *cosas raras* de las que habla Nancy.

Ramón J. Sender. *Escritor (Chalamera, Huesca, 1901 - San Diego, California, 1982)*

Ha sido uno de los autores más prolíficos: *Mr. Witt en el Cantón, La aventura equinoccial de Lope de Aguirre, Réquiem por un campesino español, Crónica del alba, Epitalamio de Prieto Trinidad, En la vida de Ignacio Morel, La tesis de Nancy...*

ACTIVIDAD **1:**

Presentamos la estructura *ponerse* + adjetivo para describir cambios de aspecto, estados de ánimo o salud. Los ejemplos pertenecen al *Pretexto.*

Sugerencia

En parejas, los alumnos/as piensan en una situación en la que poder utilizar esta construcción.

ACTIVIDAD **2:**

Los alumnos/as, en parejas, buscan el significado de los adjetivos propuestos, todos ellos relacionados con las descripciones físicas.

Sugerencias

1. Pediremos a nuestros estudiantes que describan, por escrito, a alguno de los miembros de la clase utilizando el mayor número posible de adjetivos. Al final del texto escribirán el nombre de la persona a la que han descrito.
2. El/la docente recogerá todas las descripciones y las leerá. Entre todos tratarán de averiguar a quién se refiere cada descripción.

En lugar de utilizar descripciones de los estudiantes, podemos realizar esta misma actividad con personajes famosos. El/la docente llevará a clase varias fotografías de famosos para que cada uno elija a quién describir.

VAMOS A REFLEXIONAR

Esta sección **sistematiza** en esquemas los **contenidos gramaticales y funcionales** de la unidad. Estos contenidos ya han sido presentados anteriormente. El hecho de que esta sección se centre en los contenidos no implica que la presentación de los mismos se haga de una forma rutinaria y alejada de la práctica; por ello, haremos algunas sugerencias en este sentido. Es conveniente que el/la docente se ayude con la pizarra, el retroproyector y materiales adicionales.

Hacer comparaciones y expresar diferencias

Para practicar estas estructuras, podemos comparar objetos de la clase, estudiantes, etc. Cada alumno/a formará una frase de superioridad, una de igualdad y una de inferioridad.

Comparar a personas por su físico o por su carácter

Presentamos los recursos necesarios para comparar a personas iguales y diferentes. Realizaremos comparaciones entre los estudiantes o entre personajes famosos. Comprobaremos si han asimilado estas nuevas estructuras proponiéndoles parejas de compañeros/as o de famosos que compararán por parejas.

Expresar decepción

Tras presentar las estructuras que expresan decepción, por parejas, improvisarán miniálogos que las incluyan.

VAMOS A PRACTICAR

En esta sección **consolidaremos** de forma oral y/o escrita los contenidos de la unidad, mediante un conjunto de actividades que ejercitan las cuatro destrezas lingüísticas.

ACTIVIDAD 1:

En esta actividad los alumnos ejercitan las estructuras para hacer comparaciones presentadas en la sección de gramática. Completarán los diálogos por parejas y haremos el control de la actividad en grupo. Si es necesario explicaremos nuevamente las estructuras que hayan causado problemas.

ACTIVIDAD 2:

Actividad formal y controlada cuyo propósito es la revisión de los usos de *ser, estar, tener, llevar* y *parecer* en las descripciones. Se completarán los textos por parejas con los tiempos y modos adecuados y haremos el control de la actividad en grupo.

ACTIVIDAD 3:

Actividad de realización libre. Tal y como se explica en el *Libro del alumno,* los alumnos tendrán que establecer parecidos entre los miembros de su familia y las de sus compañeros, siguiendo el modelo propuesto para la familia de Suzy.

Sugerencia

El docente puede pedir a los alumnos/as que lleven fotos en las que aparezca el miembro de su familia a quien más se parecen. Se mezclan todas las fotos y todo el grupo trata de adivinar quién es familiar de quién.

ACTIVIDAD 4:

Presentamos una nueva actividad para practicar la comparación. En este caso compararemos viviendas y practicaremos las expresiones de decepción presentadas en la sección de gramática. El alumno/a A adoptará el papel de comprador insatisfecho, decepcionado, comparando la casa que le muestran con la que realmente desea comprar. El alumno/a B tratará de convencer al alumno/a A de la excelencias de la vivienda en venta.

ACTIVIDAD 5:

Esta actividad tiene como propósito ejercitar de forma oral las estructuras que hemos visto y que sirven para describir personas, para hacer comparaciones y para expresar decepción.

Siguiendo el modelo propuesto, el alumno/a A inventará la descripción del ladrón. El alumno/a B asume el papel de policía y propone al joven del dibujo como sospechoso. El alumno/a A mostrará decepción y explicará que no se trata del ladrón que le ha robado a él, comparando el dibujo con el joven que le ha quitado su mochila.

SE DICE ASI Y ASÍ SE ESCRIBE

ACTIVIDAD 1:

En esta actividad se revisan algunas expresiones que sirven para organizar el discurso. Los alumnos/as, por parejas, completarán el texto de Fernando

Savater con las expresiones propuestas en el recuadro de la izquierda. Realizaremos el control en grupo.

Sugerencias

1. Una vez completado el ejercicio, pediremos a los alumnos/as que nos den su opinión sobre el tema que trata el texto: la identidad cultural y los estereotipos. Contrastaremos los comentarios suscitados por la lectura del fragmento de *La tesis de Nancy* con la opinión de Savater.
2. Si lo consideramos oportuno, después de este debate realizaremos una revisión de los organizadores del discurso que ya conocían y de los presentados en esta sección con un ejercicio escrito en el que resumirán su opinión.

Fernando Savater. *Filósofo y escritor (San Sebastián, 1947)*

Ha escrito ensayos, artículos periodísticos, novela, teatro... Algunas de sus obras: *Apología del sofista, La infancia recuperada, Las razones del antimilitarismo, Invitación a la ética, Ética para Amador, Política para Amador, El mito nacionalista, Las preguntas de la vida.*

ACTIVIDAD 2:

Actividad de realización libre. Los alumnos tendrán que justificar las asociaciones que hagan entre nacionalidades y atributos por su experiencia, lo que hayan leído... Discutirán primero por parejas y después se hará una puesta en común de todas las asociaciones propuestas.

Sugerencia

Para cerrar las reflexiones sobre los estereotipos que hemos llevado a cabo a lo largo de la unidad, proponemos la realización de un mural. En la parte izquierda pegaremos fotos de la España tópica y típica (toros, flamenco, paella, castañuelas...) y en la derecha trataremos de reflejar la España actual (Museo Guggenheim, Pedro Almodóvar, Almudena Grandes, Fernando Savater, etcétera).

UN PASO MÁS

ACTIVIDAD 1:

Fragmento de la película *Belle époque.*

Antes de la lectura

Lluvia de ideas en relación con el título de la película: ¿cuál creen que va a ser el tema de la misma? ¿Cuál será la relación de Manolo con sus hijas? ¿Cuál era la realidad del país en 1931?

Durante la lectura

En primer lugar, el texto tiene que ser leído por dos personas y, como siempre, haciendo mucho hincapié en la entonación adecuada.

Después, deben contrastar sus respuestas con lo que se acaba de leer. Propondremos nuevas preguntas para seguir realizando hipótesis sobre el desarrollo de la película: ¿qué relación tienen Fernando y Clara? ¿Es Clara una mujer desgraciada por haber perdido a su marido? ¿Por qué le preocupa a Clara que Rocío se quede soltera y sin embargo considera autosuficiente a Violeta?

Por último

Ver la película en clase y realizar un análisis de la misma. Contrastar su contenido con las hipótesis iniciales sobre el tema y las sugerencias provocadas por el título. Debate sobre los asuntos planteados por la película: la familia, el deseo sexual, el amor...

Ampliación por escrito

Si el docente lo considera necesario, puede pedir a los alumnos/as que desarrollen o resuman por escrito alguno de los temas de los que se ha hablado. De esta forma tendrán los elementos necesarios para una tarea de expresión escrita que no los dejará solos frente a la página en blanco.

ACTIVIDAD **2:**

Los alumnos tratarán de descubrir por el contexto el significado de los elementos conversacionales que aparecen destacados en letra negrita en el fragmento de la película.

Tener derecho a.
Tener la posibilidad de exigir algo.

Darle la gana a alguien.
Querer.

¡Ahí te equivocas!
En eso, en lo que acabas de decir, te equivocas.

Echar una mano.
Ayudar.

Empeñarse en.
Obstinarse en algo.

Atracarse de.
Hartarse de comida.

ACTIVIDADES **3** y **4:**

En la primera se explican algunos elementos conversacionales útiles para contar un suceso informal de manera efectiva por medio de un esquema. En la segunda, formal y controlada, practicamos los elementos conversacionales que acabamos de presentar. El alumno/a A contará el accidente de esquí, incluyendo todos los datos, y el alumno/a B el aterrizaje forzoso.

ACTIVIDAD **5:**

Proponemos una actividad de realización libre para practicar de forma oral los elementos presentado en la actividad 3. Tras la lectura del texto de Juan José Millás se resuelven las dudas de vocabulario que puedan plantearse. A continuación, los estudiantes trabajan en pequeños grupos o en parejas: narración de sucesos insólitos. Control del ejercicio en grupo.

Juan José Millás. *Escritor (Valencia, 1946)*

En 1974 recibió el Premio Sésamo por *Cerbero son las sombras* y el Premio Nadal en 1990 por *La soledad era esto.* Ha escrito también: *Volver a casa, Visión del ahogado, El desorden de tu nombre, Tonto muerto, bastardo e invisible,* entre otras.

Fernando Trueba. *Director de cine (Madrid, 1955)*

En 1980, tras varios cortometrajes y colaboraciones como guionista, rodó *Ópera prima,* su primera película como director. Otras películas: *Sal gorda, Sé infiel y no mires con quién, El año de las luces* (Oso de Plata del Festival de Berlín), *El sueño del mono loco, Belle Époque* (Óscar a la mejor película de habla no inglesa en 1994), *La niña de tus ojos, El milagro del Candeal,* etcétera.

CUADERNO DE EJERCICIOS

Las actividades que se proponen en el *Cuaderno de ejercicios* responden, por un lado, a ejercicios que sirven de complemento a los propuestos en el *Libro del alumno* y, por otro lado, aportan nuevos contenidos a los ya desarrollados en la unidad correspondiente. Estos ejercicios podrán llevarse a cabo en casa como ejercitación complementaria que será posteriormente revisada en el aula o, por el contrario, podrán integrarse en el desarrollo didáctico de la unidad.

SOLUCIONARIO

LIBRO DEL ALUMNO

Vamos a practicar

ACTIVIDAD **1**

1. tan, como, más, tan, como; **2.** tanto como; **3.** a, igual de, que; **4.** tan, como; **5.** tan, como, más; **6.** tan, como, tanta, como, tanto, como; **7.** más, tan grande, como; **8.** igual que, más, que.

ACTIVIDAD **2**

1. Es, tiene, lleva, parece, es, son; **2.** Es, es, es, tiene, parece, lleva, ha llevado, Ha tenido.

ACTIVIDAD **5**

Damos un ejemplo:

No, no, no era joven, le digo que tendría unos cuarenta años. Y no era rubio ni tenía el pelo largo. No, no, le digo que no es él. El que me ha robado tenía la cara ancha y era de complexión fuerte...

Se dice así y así se escribe

ACTIVIDAD **1**

1. C; **2.** A; **3.** B; **4.** E; **5.** F; **6.** H; **7.** D; **8.** G.

Un paso más

ACTIVIDAD **2**

Darle la gana a alguien: con quien le apetezca. Con quien más le guste. **Echar una mano**: ayudar.
¡Ahí te equivocas!: en eso, en lo que acabas de decir, te equivocas. ***Tener derecho a:*** tener posibilidad de, poder. ***Atracarse de:*** comer hasta hartarse. ***Empeñarse en:*** insistir, obstinarse en.

ACTIVIDAD **4**

Damos un ejemplo.

1. Pues resulta que descendía por una pista roja. Había escasa visibilidad y, de de pronto, empezó a nevar. Y, claro, me salí de la pista. Me caí y se ve que en la caída me rompí un brazo. Y, nada, que tuvo que venir el equipo de salvamento para llevarme al hospital.

CUADERNO DE EJERCICIOS

ACTIVIDAD **1**

que, tan, como, tanta, como, mejor que, más, que, más, más.

ACTIVIDAD **2**

sea, tenga, está, tiene, tiene, tuviera menos, tiene menos, más, está, tanto, que, esté, más.

ACTIVIDAD **4**

1. Pues; **2**. Bueno; Venga. **3**. Pues, Bueno; **4**. Venga ya, anda; **5**. Bueno, Venga ya, Pues; **6**. Bueno; **7**. Venga ya; **8**. Venga, Pues, Anda; **9**. Pues; **10**. Pues, Anda ya, Bueno.

ACTIVIDAD **6**

vista de lince: vista muy aguda; ***talle de avispa:*** cintura muy estrecha; ***lágrimas de cocodrilo:*** llanto fingido; ***piel de gallina:*** aspecto de la piel humana que la hace semejante a la de un ave desplumada y que está causado por el frío o por una emoción, especialmente el miedo; ***no es moco de pavo:*** no es cosa de poca importancia; ***duerme como un lirón:*** dormir profundamente; ***hay gato encerrado:*** hay algún misterio, algo que se pretende ocultar; ***sangre de pato:*** excesivamente calmado; ***frío como un pescado:*** calmado, inactivo; ***risa de hiena:*** risa inhumana, cruel; ***por si las moscas:*** por si acaso; ***táctica de avestruz:*** resistirse a ver los peligros o problemas reales.

ACTIVIDAD **7**

1. E; **2**. D; **3**. H; **4**. B; **5**. J; **6**. K; **7**. F; **8**. G; **10**. C; **11**. A; **12**. I.

unidad 7 DEBERÍAS HABER...

Objetivos

En la unidad 7 el alumno/a se afianza en los recursos necesarios para la expresión y la comprensión (activas, pasivas e interactivas) de los consejos, de las advertencias, de la imposibilidad (o dificultad) de realizar algún proyecto, algún deseo, de las posibilidades que la lengua ofrece para matizar una acción habitual que se convierte en costumbre, en hábito; asimismo, el alumno/a adquiere los hábitos necesarios para expresar el transcurrir de una acción que viene del pasado temporal y para expresar su rechazo ante una acción que continúa en el presente. Por supuesto, el alumno/a está ya capacitado para expresar fastidio ante situaciones desagradables o por la actitud o acción de su interlocutor. El fragmento cinematográfico de *La buena vida,* de David Trueba, encauza y afianza los recursos lingüísticos y comunicativos necesarios para tales expresiones.

LIBRO DEL ALUMNO

PRETEXTO

El objetivo de esta sección es **presentar** los nuevos contenidos en diversas situaciones de la vida cotidiana, a través de un conjunto de muestras de lengua: la discusión entre una madre y su hijo, un texto literario sobre el mismo tema que refleja la manera de hablar de gran parte de la juventud, el argot juvenil. Las muestras de lengua corresponden, por lo tanto, a un español estándar y coloquial peninsular por un lado, y al español escrito por otro, pero en este caso también el texto literario se acerca mucho al español hablado. Procederemos de la siguiente manera:

a. Los alumnos/as escuchan la grabación.
b. El/la docente resuelve las dudas de vocabulario que puedan plantearse.
c. Los alumnos/as escuchan la grabación de nuevo.
d. Lectura del texto.
e. El/la docente puede llamar la atención sobre algunos elementos léxicos o estructuras gramaticales.
f. Para terminar esta sección, se propondrá a los alumnos/as que, en parejas, reproduzcan de manera natural un diálogo parecido. De nuevo se insistirá en la entonación.

En esta sección, además, se **llama la atención** sobre el uso y significado de algunos **elementos conversacionales** que aparecen destacados en letra negrita y que después serán objeto de práctica en el ejercicio que acompaña; estamos convencidos de que son especialmente útiles en los intercambios orales y que su conocimiento es imprescindible para que el alumno/a se comunique como lo haría un nativo.

Creemos que, para que el alumno/a entienda y asimile su uso y significado, es fundamental que los elementos conversacionales sean exlicitados en contextos determinados y que la explicación sea una descripción clara y precisa sobre **cómo, cuándo y para qué** se usan:

Estar mano sobre mano.
Estar sin hacer nada, *estar de brazos cruzados.*

¡Hay que ver!
Expresión exclamativa que indica asombro.

¡No hay peros que valgan!
Ninguna excusa tiene validez.

Hasta las tantas.
Hasta muy tarde, sin concretar una hora precisa.

¡Dónde va a parar!
Fórmula con que se pondera la diferencia establecida entre dos personas o cosas.

Sugerencias

1. Antes de leer el texto, con la ayuda del dibujo, los alumnos/as imaginarán cuáles son los problemas de Pedro con su madre.
2. Después de leer el texto comparamos las hipótesis iniciales con la discusión entre Pedro y su madre. Preguntaremos a nuestros estudiantes si en algún momento han pasado por una situación similar en la que hayan tenido problemas en casa por no haber hecho algo que deberían haber hecho, introduciendo así uno de los temas gramaticales que se van a tratar en la siguiente sección.

ACTIVIDAD **1:**

Actividad centrada en los elementos conversacionales que han sido destacados en negrita en el *Pretexto.* Tiene por objetivo interiorizar dichos elementos. La correspondencia entre las expresiones y la descripción de su uso responde al de los contextos en los que han aparecido. Sugerimos que se haga la actividad en parejas y que, después, se lleve a cabo el control en grupo.

ACTIVIDAD **2:**

Presentamos otros contextos en los que estas mismas expresiones pueden emplearse. Los alumnos/as completan, por parejas, los diálogos con las expresiones adecuadas y realizamos el control en grupo.

ACTIVIDAD **3:**

En esta actividad se propone un fragmento de la novela de J. A. Mañas *Historias del Kronen,* en el que aparecen palabras y expresiones propias del argot juvenil, que podrán resultar altamente motivadoras para alumnos adolescentes y en edad universitaria. En primer lugar una pareja de alumnos dramatizará el diálogo.

El docente explicará las palabras y expresiones que presenten dificultades para los alumnos/as haciendo especial hincapié en las que aparecen destacadas en negrita.

Sugerencias

1. Después de leer el texto, los alumnos/as sugerirán otros vocablos y expresiones que conozcan y estén relacionados con la jerga empleada por los jóvenes.
2. La situación de los jóvenes españoles que describe J. A. Mañas proporciona un tema de interés para el debate y el contraste entre diferentes

culturas. De la dramatización del texto y posterior discusión podrá derivarse una práctica escrita en las que los alumnos/as contrasten la situación de la juventud española con la de su país.

José Ángel Mañas. *Escritor (Madrid, 1971)*

Fue finalista del premio Nadal en 1994 con *Historias del Kronen*. Ha escrito también *Mensaka, Soy un escritor frustrado y Mundo burbuja,* etcétera. Tanto *Historias del Kronen* como *Mensaka* han sido llevadas a la gran pantalla. La *Trilogía Kronen* la completan los títulos *Ciudad rayada* y *Sonko 95.*

ACTIVIDAD **4:**

La última actividad de esta sección explota también el texto de J. A. Mañas pero desde el punto de vista gramatical. Se exponen las nuevas estructuras que han aparecido en el texto con una breve explicación. Pediremos a los alumnos que busquen nuevos contextos en los que podríamos utilizar estas mismas expresiones.

VAMOS A REFLEXIONAR

Esta sección **sistematiza** en esquemas los **contenidos gramaticales y funcionales** de la unidad. Estos contenidos ya han sido presentados anteriormente. El hecho de que esta sección se centre en ellos, no implica que su presentación se haga de una forma rutinaria y alejada de la práctica; por ello, haremos algunas sugerencias en este sentido. Es conveniente que el docente se ayude con la pizarra, el retroproyector y materiales adicionales.

Expresar fastidio por la actitud o acción de otro

Los alumnos/as, en parejas, crearán minidiálogos en los que aparezca la expresión *¿Pero siempre has de estar...?* y los representarán para el resto de la clase.

Expresar un consejo o advertencia

Revisaremos la diferencia entre *deber de* + infinitivo y *deber* + infinitivo que repasábamos en la unidad 1. Explicaremos la diferencia entre *deberías* + infinitivo y *deberías* + *haber* + participio. La primera expresa un consejo realizable en el futuro y la segunda expresa un consejo ya irrealizable puesto que se refiere al pasado.

Comprobaremos que los alumnos han comprendido la diferencia con nuevos ejemplos.

Expresar rechazo ante una acción que continúa

Pasarse el día, la tarde, toda la mañana + gerundio: expresamos así nuestro reproche por una acción que no cesa y que desaprobamos. Los alumnos/as contarán acciones de sus hermanos, compañeros/as de piso, compañeros/as de clase... que desaprueban utilizando esta expresión.

Expresar el comienzo de una acción

Buscaremos nuevos ejemplos en los que poder emplear las perífrasis verbales *empezar a* + infinitivo, *comenzar a* + infinitivo.

Expresar el transcurso de una acción que comenzó en el pasado

Presentamos las tres perífrasis y explicamos que son equivalentes. Buscamos nuevos ejemplos.

Expresar la imposibilidad (o dificultad) de hacer algo

Los alumnos/as pensarán en acciones que no pueden llevar a cabo por mucho que lo intentan y utilizarán las perífrasis verbales *no acabar de, no terminar de, no llegar a, no lograr, no conseguir* + infinitivo para contárselo al resto de la clase.

Expresar una acción habitual, una costumbre

Los estudiantes hablarán de costumbres actuales o del pasado con la estructura *soler* + infinitivo. Subrayaremos que se trata de una perífrasis que sólo puede utilizarse en presente o en pretérito imperfecto.

Sugerencia

Todas las perífrasis presentadas en esta unidad pueden ser incluidas en un texto único puesto que expresan ideas fácilmente asociables. Los estudiantes, por parejas, escribirán un diálogo en el que emplearán tantas perífrasis como les sea posible. A continuación lo representarán ante el resto de la clase.

VAMOS A PRACTICAR

En esta sección **consolidaremos** de forma oral y/o escrita los contenidos de la unidad, mediante un conjunto de actividades que ejercitan las cuatro destrezas lingüísticas.

ACTIVIDAD **1:**

En esta primera actividad se propone una práctica de comprensión auditiva. Tras oír la grabación, los estudiantes tratarán de resumir los consejos que han escuchado. Compararemos los resultados con el texto y, si lo consideramos necesario, escucharemos de nuevo la grabación.

Sugerencia

Si las características del grupo lo permiten y el docente está seguro de que no va a herir ninguna sensibilidad, entablaremos un pequeño debate: ¿son buenos los consejos que acabamos de escuchar? ¿Habéis hecho un régimen de adelgazamiento alguna vez? ¿Creéis que pueden ser peligrosos? ¿Confiáis en las dietas milagrosas...?

ACTIVIDAD **2:**

En esta actividad los alumnos/as ejercitan las estructuras gramaticales que acabamos de presentar. Completarán los diálogos por parejas utilizando los verbos del recuadro de la izquierda y conjugándolos en los tiempos y modos adecuados. Haremos el control de la actividad en grupo. Si es necesario explicaremos nuevamente las estructuras que hayan causado problemas.

ACTIVIDAD 3:

Proponemos un ejercicio formal y controlado para consolidar las estructuras gramaticales *deberías* + infinitivo / *deberías haber* + participio que acabamos de presentar. La primera de ellas se utiliza para expresar consejos realizables en el futuro. La segunda puede tener valor de reproche, arrepentimiento... puesto que se trata de consejos irrealizables puesto que se refieren al pasado.

Una vez que los alumnos se hayan familiarizado con el modelo, realizaremos la actividad en parejas y su control, en grupo.

ACTIVIDAD 4:

Presentamos una nueva actividad formal y controlada, en este caso con el propósito de practicar la expresión de fastidio *pero es que siempre has de estar* + infinitivo. Les recordaremos que sólo la utilizamos para quejarnos por la actitud o la acción de una persona con la que tenemos cierta confianza.

ACTIVIDAD 5:

Esta actividad tiene como propósito ejercitar de forma oral el uso del verbo *soler,* tanto en presente como en pretérito imperfecto. Los alumnos/as, por parejas, contrastarán las costumbres que tenía este chico antes de empezar a trabajar con sus costumbres actuales.

Sugerencia

La actividad puede ampliarse con el relato de cambios experimentados por los propios alumnos.

ACTIVIDAD 6:

Proponemos un ejercicio formal y controlado para practicar las estructuras que expresan la imposibilidad o dificultad de hacer algo presentadas en la sección de gramática. Los alumnos se familiarizan con el modelo y realizan la actividad en pequeños grupos o en parejas. Realizaremos su control en grupo.

ACTIVIDAD 7:

Presentamos una actividad cuyo propósito es la interacción oral y la práctica de nuevos recursos para expresar consejos, reproches, advertencias... Los alumnos, por parejas, van alternando el papel del *sensato* que pretende ayudar y del *equivocado* que no sabe muy bien lo que hace. Realizaremos el control de la actividad en grupo.

SE DICE ASÍ Y ASÍ SE ESCRIBE

En esta actividad se presentan nuevos marcadores para expresar una opinión y organizar el discurso. Los alumnos/as, por parejas, asociarán las expresiones con las explicaciones del recuadro superior. Realizaremos el control en grupo.

Sugerencia

Una vez completado el ejercicio, lo ampliaremos con una práctica escrita. Si estamos en España, seguramente los alumnos ya habrán comprobado que la mayoría de los jóvenes españoles vive con sus padres y nos preguntarán por qué. Les pediremos que comparen la situación de su país con la situación española por escrito.

ACTIVIDAD **2:**

Actividad cuyo propósito es la interacción oral y la presentación de adjetivos para describir caracteres. En primer lugar relacionaremos los adjetivos de la izquierda con las definiciones de la derecha. Una vez explicados todos los significados, los alumnos/as definirán a los jóvenes de sus países tratando de utilizar los nuevos adjetivos.

UN PASO MÁS

ACTIVIDAD **1:**

Antes de la lectura

Lluvia de ideas en relación con el título de la película: ¿cuál creen que va a ser el tema de la misma? ¿Cuál será la relación del protagonista, Tristán Romeo, con sus padres? ¿Cómo crees que es la vida *en cualquier vulgar salón de clase media española?* ¿Difiere mucho de la vida de la clase media en tu país...?

Durante la lectura

En primer lugar, el texto tiene que ser leído por varias personas y, como siempre, haciendo mucho hincapié en la entonación adecuada.

Después, deben contrastar sus respuestas con lo que se acaba de leer. Propondremos nuevas preguntas para seguir realizando hipótesis sobre el desarrollo de la película: ¿Será Tristán feliz con sus padres? ¿La muerte de Franco cambiará sus vidas? ¿Habrá algún viaje a París?

Por último

Ver la película en clase y realizar un análisis de la misma. Contrastar su contenido con las hipótesis iniciales sobre el tema y las sugerencias provocadas por el título. Debate sobre los temas planteados por la película: el primer amor, las relaciones entre primos, los cambios de la adolescencia...

Ampliación por escrito

Si el/la docente lo considera necesario, puede pedir a los alumnos/as que resuman por escrito las ideas principales de esta película y los sentimientos e ideas que les han provocado. De esta forma tendrán los elementos necesarios para una tarea de expresión escrita que no los dejará solos frente a la página en blanco.

ACTIVIDAD **2:**

Esquema en el que se explican algunas de las estructuras y expresiones que han aparecido en el fragmento de la película: para expresar preocupación por algo negativo que puede ocurrir en el futuro, para manifestar un deseo de realización poco probable, para reivindicar un derecho que se nos niega, y para exigir el derecho a manifestar nuestra opinión.

David Trueba. *Director y guionista de cine (Madrid, 1969)*

Ha trabajado como guionista de las películas *Los peores años de nuestra vida, Perdita Durango, La niña de tus ojos.* Además de su participación como actor en varias películas, ha dirigido *La buena vida, Obra maestra, Soldados de Salamina,* entre otras.

CUADERNO DE EJERCICIOS

Las actividades que se proponen en el *Cuaderno de ejercicios* responden, por un lado, a ejercicios que sirven de complemento a los propuestos en el *Libro del alumno* y, por otro lado, aportan nuevos contenidos a los ya desarrollados en la unidad correspondiente. Estos ejercicios podrán llevarse a cabo en casa como ejercitación complementaria que será posteriormente revisada en el aula o, por el contrario, podrán integrarse en el desarrollo didáctico de la unidad.

SOLUCIONARIO

LIBRO DEL ALUMNO

Pretexto

ACTIVIDAD **1**

1. D; **2**. C; **3**. E; **4**. B; **5**. A.

ACTIVIDAD **2**

1. esté, mano sobre mano; **2**. ¡Hay que ver!; **3**. hasta las tantas; **4**. dónde va a parar.

Vamos a practicar

ACTIVIDAD **1**

Los consejos principales son:
–no privarse de ningún tipo de alimento,
–escoger alimentos ricos en nutrientes y bajos en calorías.
–mantener una dieta lo más cercana posible a la normalidad, reduciendo la cantidad pero manteniendo la calidad.
–una vez terminada la dieta, se puede incrementar el consumo calórico en un máximo de 500 calorías diarias, pero es necesario mantener firme el propósito de llevar una vida menos sedentaria y una alimentación sana.

ACTIVIDAD **2**

1. Empecé a, estaba, estudiaba, introdujeron, habría estudiado, Elegí, era, cuidaba, procedían; **2**. debería haber, hubiera resultado, obligaba, supiéramos; **3**. solíamos, carecían, pedía, usáramos, entré, podía, sabía, tengo; **4**. llevo; **5**. he pasado; **6**. debo; **7**. no acabo de, tenga, he tardado.

ACTIVIDAD **3**

1. Deberías llamarla, y si no coge el teléfono, visitarla. ¿Por qué no hablas con Carlos? Seguro que él sabe algo.
2. Si hubieras estudiado antes ahora no te daría tanta pereza, pero deberías ponerte a estudiar ahora mismo, ánimo, que es el último...
3. Si has aparcado mal el coche no deberías protestar, aunque sólo hayan sido unos minutos. Si no hubieras aparcado en doble fila...
4. Pues no te agobies, pero deberías ordenarla, cuanto más tiempo pase más pereza te va a dar.

ACTIVIDAD **4**

1. ¿Pero es que no puedes esperar a que me levante para poner la televisión?
2. ¿Pero es que eres incapaz de fregar los platos después de comer?
3. ¿Pero es que te cuesta tanto trabajo avisarme cuando invitas a tus amigos?

4. ¿Pero es que no puedes apuntar quién me llama y contármelo cuando llegó?

ACTIVIDAD **5**

Los sábados salía ir a jugar al tenis, pero ahora no puedo porque tengo que trabajar. Antes siempre estaba de buen humor, pero ahora tengo muchos motivos para estar de mal humor. Antes me encantaba organizar fiestas en casa, pero ahora estoy siempre cansado. Me gustaba también explorar cada verano un país diferente, pero ahora no tengo tiempo para ir de vacaciones. Vestía de manera informal, pero ahora debo vestir de manera formal y sofisticada. Y, lo más importante, antes tenía tiempo para los amigos, pero ahora estoy siempre ocupado.

ACTIVIDAD **6**

1. No consigo ganar; **2.** No consigo hablar con Luis; **3.** No consigo reservar mesa; **4.** No consigo terminar el informe; **5.** No consigo encontrar un día apropiado.

ACTIVIDAD **7**

1. ¿Cómo pretendes ser feliz sin olvidarla? ¿No te das cuenta de que te estás engañando a ti mismo? ¿Es que no piensas superarlo?; **2.** ¿Cómo pretendes encontrar trabajo con esa pinta? ¿Es que no piensas afeitarte nunca más? ¿No te das cuenta de que te estás descuidando demasiado?; **3.** ¿Es que no piensas pedirle perdón? ¿No te das cuenta de que eres el que más pierdes con tu orgullo? ¿Cómo pretendes solucionarlo sin decirle nada?; **4.** ¿No te das cuenta de que así no se hacen las cosas? ¿Cómo pretendes conseguir la beca sin enviar los papeles? ¿Es que no piensas cambiar nunca?

Se dice así y así se escribe

ACTIVIDAD **1**

1. En mi opinión; **2.** además; **3.** desde el punto de vista de; **4.** incluso; **5.** Por ello; **6.** A mi modo de ver; **7.** seguramente.

ACTIVIDAD **2**

Creativos: Poseen capacidad de creación y aportan nuevas ideas.
Solidarios: Prestan apoyo en situaciones difíciles y en problemas de otros.
Altruistas: Actúan movidos por el deseo de procurar el bien de los demás.
Politizados: Se interesan por los problemas políticos.
Pragmáticos: Tienen planteamientos prácticos.
Tolerantes: Respetan las opiniones o actitudes ajenas.
Materialistas: Muestran excesivo aprecio por los bienes materiales.
Intransigentes: No son capaces de respetar las opiniones o actitudes ajenas.
Religiosos: Están comprometidos con su religión.
Presumidos: Dan mucha importancia a su aspecto físico.
Cómodos: Buscan siempre el camino más fácil.
Preparados: Conocen muy bien su profesión.
Competitivos: Siempre aspiran a ser los mejores en todo.
Individualistas: Piensan y actúan sin tener en cuenta a los demás.
Frívolos: Manifiestan un comportamiento despreocupado e inconstante.
Superficiales: Sólo tienen en cuenta las apariencias.

SOLUCIONARIO

CUADERNO DE EJERCICIOS

ACTIVIDAD **1**

1. A; **2.** D; **3.** I; **4.** B; **5.** H; **6.** G; **7.** F; **8.** C.

ACTIVIDAD **3**

1. Has empezado a, ponerme a, solías; **2.** Te pasas, deberías; **3.** No llego a, dejas de, llego a; **4.** lleváis; **5.** solía, dejaste de, consigo; **6.** dejar de.

ACTIVIDAD **4**

1. ¿No piensas preparar el examen?; **2.** ¿No piensas disculparte?; **3.** ¿No piensas vestirte para ir a la cena?; **4.** ¿No piensas dejarme el coche?; **5.** ¿No piensas venir a la despedida de soltera de María? ¡Es tu mejor amiga!

ACTIVIDAD **5**

1. ¡Vete a freír monos!; **2.** ¡Déjame en paz de una vez!; **3.** ¡Vete a freír espárragos!; **4.** ¡Cómprate un bosque y piérdete!; **5.** ¡Déjame en paz de una vez!

ACTIVIDAD **6**

1. ¿Pero cómo pretendes que te compadezca si creo que el culpable fuiste tú?; **2.** ¿Pero cómo pretendes que te ayude si no me explicas qué es lo que estás haciendo?; **3.** ¿Pero cómo pretendes terminar el mes si te lo gastas todo en tonterías?; **4.** ¿Pero cómo pretendes solucionar tus problemas con una actitud tan negativa?

ACTIVIDAD **9**

1. Tonto, idiota; **2.** Esfuerzo; **3.** Tontería, idiotez; **4.** Para pijos (esnobs); **5.** Pieza inmediata a la entrada; **6.** De aspecto cuidado; **7.** Muy cuidada; **8.** De playa; **9.** Quería aparentar ser mejor de lo que era; **10.** Tiemblas; **11.** Abundaban; **12.** Destinado especialmente para el caso; **13.** Marca de ropa; **14.** Tipo de zapato muy utilizado por los pijos; **15.** Conjunto aparatoso de elementos rituales o decorativos; **16.** La pareja, operada de cirugía estética; **17.** Combinando armoniosamente; **18.** Con aspecto de persona pobre; **19.** Tipo de pantalón, vaqueros; **20.** Probase; **21.** Tipo de marisco; **22.** Pescado; **23.** Molusco; **24.** Pescado; **25.** Pescado; **26.** Patatas guisadas; **27.** Entremés, pescado rebozado; **28.** Fruta; **29.** Individuo; **30.** Persona; **31.** Relación de confianza; **32.** Conseguir algo a costa de alguien; **33.** Por la cara; **34.** La cuenta; **35.** Se enfadó.

unidad 8 PUES A PILAR ÚLTIMAMENTE LE HA DADO POR...

Objetivos

En la unidad 8 el alumno/a tiene ante sí la presentación, por medio del contexto adecuado (diálogos, textos, fragmentos cinematográficos), de las posibilidades que ofrece el español para expresar las opciones temporales (acción durativa, acción que se desarrolla de forma gradual, acción que se lleva a cabo de forma poco organizada...), para expresar la sustitución de una actividad por otra, para expresar el inicio no justificado de una actividad nueva, para expresar la repetición de una acción o el reinicio de una actividad que era habitual en el pasado, así como el término de una actividad. El guión cinematográfico de Fernando Trueba: *Los peores años de nuestra vida* sirve de apoyo vivo a los temas tratados.

LIBRO DEL ALUMNO

PRETEXTO

El objetivo de esta sección es **presentar** los nuevos contenidos en diversas situaciones de la vida cotidiana, a través de un conjunto de muestras de lengua: dos diálogos entre amigos y un fragmento literario. Las muestras de lengua corresponden, por lo tanto, a un español estándar y coloquial peninsular por un lado, y al español más elaborado propio de la literatura, por otro. Procederemos de la siguiente manera:

a. Los alumnos/as escuchan la grabación.
b. El/la docente resuelve las dudas de vocabulario que puedan plantearse.
c. Los alumnos/as escuchan la grabación de nuevo.
d. Lectura del texto.
e. El/la docente puede llamar la atención sobre algunos elementos léxicos o estructuras gramaticales.
f. Por último los alumnos/as, en parejas, reproducirán de manera natural un diálogo similar. De nuevo se insistirá en la entonación.

En esta sección, además, se **llama la atención** sobre el uso y significado de algunos **elementos conversacionales** que aparecen destacados en letra negrita y que después serán objeto de práctica en el ejercicio que acompaña; estamos convencidos de que son especialmente útiles en los intercambios orales y que su conocimiento es imprescindible para que el alumno/a se comunique como lo haría un nativo.

Creemos que, para que el alumno/a entienda y asimile su uso y significado, es fundamental que los elementos conversacionales sean explicitados en contextos determinados y que la explicación sea una descripción clara y precisa sobre **cómo, cuándo y para qué** se usan:

¿Sabes algo de... ?
¿Tienes alguna información, alguna noticia sobre...? Expresión coloquial para preguntar por alguien de quien hace tiempo que no tenemos noticia.

¿Y qué cuenta?
¿Qué te ha dicho? ¿Cómo le van las cosas, la vida?

Andar muy liado/a.
Estar pasando un momento de mucho trabajo, no tener tiempo para nada.

Cortar con alguien.
Expresión coloquial para referirse al final de una relación amorosa.

Apuntarse.
Inscribirse, matricularse en algún curso o actividad organizada.

A las tres semanas.
Pasado ese período, pasadas tres semanas, tres semanas después.

Mira que (me gusta)...
Intensificador de la acción. En este caso significa *me gusta muchísimo.*

Está de moda.
Se ajusta a los usos y costumbres actuales.

...y no creas.
Fórmula con la que se matiza una afirmación, en este caso insistiendo en la veracidad de la misma (salgo tan tarde de trabajar que no me queda mucho tiempo, de verdad).

ACTIVIDAD **1:**

Actividad centrada en los elementos conversacionales presentados en el *Pretexto.* Tiene por objetivo interiorizar dichos elementos. Los alumnos/as deberán relacionar las expresiones de las dos columnas. Trabajarán en parejas durante cinco o diez minutos. Control del ejercicio en grupo.

ACTIVIDAD **2:**

En parejas, los alumnos/as habrán de completar las situaciones dialogadas que se proponen, utilizando las expresiones de la actividad anterior; a continuación se hará el control de la actividad en grupo.

ACTIVIDAD **3:**

Actividad de comprensión lectora. Por un lado presentamos el tema que desarrollarán en la actividad 4 y, por otro, mostramos algunas de las expresiones que verán de forma sistematizada en la siguiente sección. Les pediremos que busquen en el texto las estructuras que sirven para expresar la sustitución de una actividad por otra, para expresar el inicio no justificado de una actividad nueva, la repetición de una acción, el reinicio de una acción que era habitual en el pasado, el término de una actividad, las acciones durativas, las que se desarrollan de forma gradual... Una vez explicadas todas pasaremos a ponerlas en práctica en la siguiente actividad.

ACTIVIDAD **4:**

Actividad de realización libre que tiene como propósito ejercitar de forma oral las estructuras que han aparecido en los dos textos y que analizaremos de forma sistemática en la siguiente sección. Los alumnos/as hablarán de forma espontánea de sus aficiones y de los cambios que, con el paso del tiempo, se hayan dado en las actividades que realizan en su tiempo libre.

VAMOS A REFLEXIONAR

Esta sección **sistematiza** en esquemas los **contenidos gramaticales y funcionales** de la unidad, que ya han sido presentados anteriormente. El hecho de que esta sección se centre en los contenidos, no implica que su presentación se haga de una forma rutinaria y alejada de la práctica; por ello, haremos algunas sugerencias en este sentido. Es conveniente que el/la docente se ayude con la pizarra, el retroproyector y materiales adicionales.

En esta unidad se sistematizan las perífrasis verbales que utilizamos para expresar las siguientes ideas:

El comienzo de una acción.
La sustitución de una actividad por otra.
El inicio no justificado de una actividad nueva.
La repetición de una acción o el nuevo inicio de una actividad que era habitual en el pasado.
El término de una actividad que ha sido habitual durante cierto tiempo.
La manera en que algo ha terminado.
El carácter durativo de una acción.
Una acción que se desarrolla deforma gradual.
Una acción que se lleva a cabo de forma poco organizada o irreflexiva.

Sugerencias

1. Antes de leer el esquema escribiremos en la pizarra esta lista. Les pediremos que recuerden las perífrasis verbales que ya conocen. Las escribiremos en la pizarra y entre todos buscaremos las relaciones entre éstas y las perífrasis que nos disponemos a analizar. De esta manera comprobarán que ya conocen algunas de las estructuras presentadas en esta unidad.
2. Una vez leído el esquema y explicados todos los casos, retomaremos la última actividad de la sección anterior. Esta vez contestarán por escrito a las preguntas y tratando de utilizar el mayor número de perífrasis posible. Si quieren pueden modificar el relato inventando aficiones y cambios de gustos sin necesidad de hablar de sí mismos.

VAMOS A PRACTICAR

En esta sección **consolidaremos** de forma oral y/o escrita los contenidos de la unidad, mediante un conjunto de actividades que ejercitan las cuatro destrezas lingüísticas.

ACTIVIDAD **1:**

En esta primera actividad se propone una práctica de comprensión auditiva en la que los alumnos/as deberán discriminar cierta información: qué hace María en su tiempo libre. Contrastaremos en grupo sus respuestas con la solución correcta.

ACTIVIDAD **2:**

En esta actividad los alumnos ejercitan las estructuras gramaticales que acabamos de presentar. Completarán los diálogos por parejas con los tiempos y modos adecuados y haremos el control de la actividad en grupo. Si es necesario explicaremos nuevamente las estructuras que hayan causado problemas.

ACTIVIDAD **3:**

Proponemos un ejercicio formal y controlado para consolidar el uso de las perífrasis verbales. En este caso los alumnos/as no sólo elegirán el tiempo y el modo adecuados, sino que tendrán que seleccionar el verbo de los seis propuestos en el recuadro de la parte inferior.

ACTIVIDAD **4:**

Presentamos una nueva actividad formal y controlada que tiene como propósito ejercitar las estructuras *matricularse en, apuntarse a, ir a clases de, ponerse a* + infinitivo, *darle* (alguna vez) *a alguien por* + infinitivo. Los alumnos/as, en parejas, asociarán las dos columnas y hablarán de situaciones similares que hayan vivido. Una vez controlado el ejercicio, copiaremos estas construcciones en la pizarra para que observen las diferencias sintácticas entre frases de significado parecido (*matricularse en, apuntarse a...*).

ACTIVIDAD **5:**

Actividad de comprensión lectora que tiene como propósito la introducción de nuevos elementos conversacionales cuyo significado deberán averiguar los alumnos/as.

Sugerencia

La actividad puede ampliarse con una práctica escrita. Si estamos trabajando en España los alumnos/as escribirán una carta hablando de sus problemas aquí, de las cosas que echan de menos, de la opinión que les merece España...

SE DICE ASÍ Y ASÍ SE ESCRIBE

Actividad de comprensión lectora.

a. Lectura del texto.
b. La docente explicará el significado de los vocablos que presenten dificultad para los alumnos/as; como alternativa, los alumnos/as trabajarán en grupos o en parejas con el diccionario.
c. Los alumnos/as destacarán las ideas generales y manifestarán su opinión.

Sugerencia

Una vez completado el ejercicio, pediremos a los alumnos/as que escriban un breve texto sobre el tema que acabamos de tratar: la educación. Si están estudiando en España o la han visitado alguna vez, les sugeriremos que contrasten los comportamientos de su país con los que han visto en España.

Antonio Muñoz Molina. *Escritor (Úbeda, Jaén, 1956)*

Es uno de los grandes escritores españoles contemporáneos: *Invierno en Lisboa* (Premio Nacional de Literatura), *Beltenebros, Nada del otro mundo, El dueño del secreto, Ardor guerrero, El jinete polaco* (Premio Nacional de Literatura), *El dueño del secreto*, entre otras. Pertenece a la Real Academia Española.

ACTIVIDAD **2:**

La última actividad propuesta en esta sección es para revisar el vocabulario relacionado con el texto de A. Muñoz Molina los verbos que expresan el sonido que emiten algunos animales.

UN PASO MÁS

ACTIVIDAD **1:**

En la unidad 7, los alumnos/as han trabajado con la película *La buena vida* del mismo guionista. Antes de leer el fragmento del guión de esta nueva película, se les puede pedir que hagan una lista con las impresiones que sacaron de aquélla y con la imagen que tienen de David Trueba a través de los mismos.

Antes de la lectura

Lluvia de ideas en relación con el título de la película: ¿cuál creen que va a ser el tema principal? ¿Cuál será la relación entre los dos protagonistas?

Durante la lectura

En primer lugar, el texto tiene que ser leído por dos personas y, como siempre, haciendo mucho hincapié en la entonación adecuada.

Después, deben contrastar sus respuestas con lo que se acaba de leer. Propondremos nuevas preguntas para seguir realizando hipótesis sobre el desarrollo de la película: ¿consigue Alberto que María le preste atención? ¿Cómo evoluciona su relación a lo largo de la película? ¿Es buena la relación entre Alberto y Roberto? ¿Cómo son sus padres...?

Por último

Ver la película en clase y realizar un análisis de la misma. Contrastar su contenido con la opinión manifestada sobre David Trueba, las hipótesis iniciales sobre el tema y las sugerencias provocadas por el título. Debate sobre los temas planteados por la película: la relación entre hermanos, las primeras relaciones sentimentales/sexuales, el primer desengaño amoroso, la importancia de los cánones estéticos impuestos...

Ampliación por escrito

Si el/la docente lo considera necesario, puede pedir a los alumnos/as que resuman por escrito las ideas principales de esta película y los sentimientos e ideas que les ha provocado. De esta forma tendrán los elementos necesarios para una tarea de expresión escrita que no los dejará solos frente a la página en blanco.

ACTIVIDAD **2:**

Actividad formal y controlada que propone una reflexión sobre el uso de los elementos conversacionales que han sido destacados con negrita en el fragmento de la película; la correspondencia entre las expresiones y la descripción de su uso responde a los contextos en los que han aparecido. Después del trabajo en parejas se llevará a cabo el control en grupo.

Emilio Martínez Lázaro. Director (Madrid, 1945).

Aunque a lo largo de su carrera ha sido actor y guionista de varias películas, se ha destacado en su larga carrera dirigiendo más de una decena de películas tales como: *Amo tu cama rica, Lulú de noche, Los peores años de nuestra vida, El otro lado de la cama,* entre otras.

CUADERNO DE EJERCICIOS

Las actividades que se proponen en el *Cuaderno de ejercicios* responden, por un lado, a ejercicios que sirven de complemento a los propuestos en el *Libro del alumno* y, por otro lado, aportan nuevos contenidos a los ya desarrollados en la unidad correspondiente. Estos ejercicios podrán llevarse a cabo en casa como ejercitación complementaria que será posteriormente revisada en el aula o, por el contrario, podrán integrarse en el desarrollo didáctico de la unidad.

SOLUCIONARIO

LIBRO DEL ALUMNO

Pretexto

ACTIVIDAD **1**

1. H; **2.** I; **3.** G; **4.** J; **5.** A; **6.** F; **7.** B; **8.** D; **9.** E; **10.** C.

ACTIVIDAD **2**

1. ha cortado, Mira que; **2.** te has apuntado; **3.** ¿Y qué cuenta?, anda muy liada, no creas.

Vamos a practicar

ACTIVIDAD **1**

Nunca ha dejado de hacer deporte. Los sábados por la mañana siempre juega al golf. Durante la semana, cuando tiene tiempo, va al gimnasio. Los domingos organizan paseos guiados en la sierra y va siempre que puede.

ACTIVIDAD **2**

1. haya dado; **2.** Sigues, empezó; **3.** poner, llevas; **4.** acaba; **5.** dejé; **6.** me quedé, ha dado; **7.** acabo, llevan; **8.** terminé; **9.** Te has quedado; **10.** voy.

ACTIVIDAD **3**

1. llevas saliendo; **2.** me quedé mirándole; **3.** empezamos; **4.** nos quedamos hablando; **5.** le dio; **6.** Estuvimos; **7.** nos pusimos.

ACTIVIDAD **4**

1. C; 1. F; **2.** B; 2. H; **3.** G; **3.** I; **4.** A; **4.** E; **5.** D; **5.** J.

ACTIVIDAD **5**

1. A; **2.** A; **3.** B; **4.** B; **5.** B; **6.** A.

Se dice así y así se escribe

ACTIVIDAD **2**

elefantes-***barritar***; perros-***ladrar***; gatos-***maullar***; lobos-***aullar***; ovejas-***balar***; caballos-***relinchar***; pájaros-***piar***; burros-***rebuznar***; leones-***rugir***.

Un paso más

ACTIVIDAD **2**

1. G; **2.** F; **3.** A; **4.** B; **5.** H; **6.** C; **7.** E; **8.** D.

CUADERNO DE EJERCICIOS

ACTIVIDAD **1**

1. E, J; **2**. G; **3**. C; **4**. F, D; **5**. H, Q; **6**. I, B; **7**. A.

ACTIVIDAD **2**

1. haya dado; **2**. me pongo a, dejaras de, seguir; **3**. dejas de, has pasado, dejas de; **4**. sigo, terminas; **5**. terminé.

ACTIVIDAD **3**

1. ¿te ha dado alguna vez por adelgazar en serio?; **2**. ¿te ha dado alguna vez por aprender bailes de salón?; **3**. ¿te ha dado alguna vez por ahorrar?; **4**. ¿te has apuntado alguna vez a un curso de yoga?; **5**. ¿te has apuntado alguna vez a un curso de idiomas?; **6**. ¿te has matriculado alguna vez en un curso de yoga?; **7**. ¿te has matriculado alguna vez en un curso de idiomas?

ACTIVIDAD **4**

1. Hazte un chequeo médico deportivo; **2**. Déjate asesorar por un instructor; **3**. Aumenta progresivamente la duración e intensidad del entrenamiento; **4**. No trabajes en máquinas con resistencias inaccesibles; **5**. Sudar demasiado, una respiración fatigosa o la aparición de calambres pueden indicar que estás yendo demasiado deprisa; **6**. Espira en la fase de esfuerzo y aspira mientras vuelves a la posición de partida; **7**. No te pongas más ropa para aumentar la sudoración, utiliza una camiseta de algodón y unos pantalones cortos; **8**. No pienses en el tiempo que llevas en el gimnasio sin obtener resultados. Compara el tiempo que dedicas al deporte con las horas que pasas en el trabajo, en el coche...; **9**. Fíjate metas que tu forma física te permita cumplir y anota todos los progresos; **10**. Es mejor ir al gimnasio una vez a la semana durante todo el año, que todos los días durante un mes.

ACTIVIDAD **5**

1. I; **2**. H; **3**. B; **4**. D; **5**. G; **6**. F; **7**. C; **8**. A.

ACTIVIDAD **7**

1. J; **2**. C; **3**. H; **4**. I; **5**. F; **6**. B; **7**. A; **8**. E; **9**. D; **10**. G.

REPASO

Objetivos

El objetivo fundamental de esta unidad es la revisión y control de los contenidos y habilidades adquiridos a lo largo de las unidades 5, 6, 7 y 8. Creemos que es una buena manera de que el alumno/a adulto sepa en qué punto del proceso de aprendizaje se encuentra y pueda así controlar su propia evolución.

Son varias las maneras de proceder para llevar a efecto las actividades que se proponen en esta unidad.

a. Los alumnos/as realizan los ejercicios en casa y el día acordado se lleva a cabo el control, primero en parejas y después, en grupo.
b. Se utiliza como ejercicio de control que será corregido y evaluado por el/la profesor/a.
c. Se programa una clase especial de revisión de contenidos y se desarrolla cada uno de los ejercicios sin que sea necesario un trabajo previo por parte de los alumnos/as.

La docente decidirá cuál de los procedimientos sugeridos es el idóneo para el contexto docente en que se encuentre, teniendo en cuenta también las preferencias de los alumnos/as.

La tipología de actividades que se propone es similar a la aparecida a lo largo del resto de las unidades, por lo que no creemos necesario hacer ninguna observación en cuanto a procedimientos didácticos en esta unidad de revisión.

SOLUCIONARIO

ACTIVIDAD 1

1. I; **2.** K; **3.** E, A; **4.** C; **5.** B, G; **6.** H; **7.** D; **8.** J; **9.** F; **10.** L.

ACTIVIDAD 2

soy, iba, llamé, estabas, tenía, hubieras dejado, habría llamado, era, llamé, iba, eres, sabes, duerma, quiero, llamo, recibí, dice, viene, saliéramos, salgamos, me voy, esté, vuelva, sé, viene, viene, te vayas, sería, me voy, vuelvo, hubiera reservado, puedo, te preocupes, podemos, escribo, cuento, sepa, llamo, sea, sea.

ACTIVIDAD 3

1. más; **2.** muy, como, a, a; **3.** tanto, como, más; **4.** menos, que, más.

ACTIVIDAD 4

no logro; llevo; se pase; deben; solíamos.

ACTIVIDAD 6

1. Para empezar; **2.** en primer lugar; **3.** en segundo lugar; **4.** con todo; **5.** por lo tanto; **6.** Es decir; **7.** Sin embargo; **8.** en este sentido; **9.** De todos modos.

unidad 9 HACÍA SIGLOS QUE NO NOS VEÍAMOS

Objetivos

En la unidad 9 el alumno/a recordará los usos y valores de los pasados vistos y estudiados hasta ahora. En esta unidad se insiste en el contraste entre los tiempos perfectivos: pretérito perfecto y pretérito indefinido frente al imperfecto. Tras las situaciones comunicativas adecuadas, se presentan los valores discursivos o extratemporales del imperfecto: *la intención, la no confirmación de una información, la cortesía, la inmediatez en las frases condicionales irreales.* El alumno/a recordará asimismo los marcadores temporales de pasado y otras construcciones que corren el riesgo de convertirse en errores fosilizados si no se practican contextualizadamente. Dentro del marco de las relaciones temporales de pasado, recordará y ampliará las formas que usamos para expresar aproximación. Por otra parte, y dentro del contexto general del cine, aprenderá el vocabulario necesario para contar y hablar de una película. Ampliará sus conocimientos sobre uno de nuestros grandes directores y su filmografía: Carlos Saura.

LIBRO DEL ALUMNO

PRETEXTO

El objetivo de esta sección es **presentar** los nuevos contenidos por medio de una situación posible en la vida de cualquiera: un encuentro en el aeropuerto, y por medio de un texto literario sobre el mismo tema. Las muestras de lengua corresponden, por un lado, a un español estándar y coloquial peninsular y, por otro, al español más elaborado, propio de la literatura. En el diálogo en el aeropuerto se presentan los contenidos gramaticales que se estudiarán y ampliarán más tarde: *intención, contraste entre los deseos y la realidad, el hecho de no comprometernos con una información porque son las palabras de otros las que contamos,* etcétera.

a. Los alumnos/as escuchan la grabación.
b. El profesor/a resuelve las dudas de vocabulario que puedan plantearse.
c. Los alumnos/as escuchan la grabación de nuevo.
d. Dos alumnos/as elegidos al azar leen el diálogo. El docente insistirá en la entonación como elemento suprasegmental necesario para dar veracidad a las frases.
e. El profesor/a puede llamar la atención sobre algunos elementos léxicos o estructuras gramaticales.
f. Para terminar esta sección, se propondrá a los alumnos/as que, en parejas, reproduzcan de manera natural un diálogo parecido. De nuevo se insistirá en la entonación.

En esta sección, además, se **llama la atención** sobre el uso y significado de algunos **elementos conversacionales** que aparecen destacados en letra negrita y que después serán objeto de práctica en el ejercicio que acompaña; estamos convencidos de que son especialmente útiles en los intercambios orales y que su conocimiento es imprescindible para que el alumno/a se comunique como lo haría un nativo. Sugerimos a los/las docentes procedentes de otros países de habla hispana que cambien las expresiones que se dan, o incluyan las que dirían si los alumnos estuvieran en su país.

Creemos que, para que el alumno/a entienda y asimile su uso y significado, es fundamental que los elementos conversacionales sean explicitados en contextos determinados y que la explicación sea una descripción clara y precisa sobre **cómo, cuándo y para qué** se usan:

¡Qué cambiazo!
Exclamación unida al aumentativo de cambio, *cambiazo.* En el vocabulario se trabaja más ampliamente este aumentativo, pero ya el docente puede anticipar otros aumentativos del mismo tipo. El tono nos dirá si el cambio es positivo o negativo.

Me están dando el día.
Dar el día, la tarde, la mañana, la noche a alguien sirve para expresar que la persona está sufriendo una situación desagradable que ella no ha provocado. No es obligatorio, pero suele usarse mucho con la estructura *estar + gerundio.*

En plan turista turista.
Aquí debemos destacar dos elementos importantes: *en plan,* expresión de la lengua hablada que podemos sustituir por un *como.* El segundo elemento es la repetición del sustantivo. Es otro recurso de la lengua para expresar que algo es auténtico y no un sucedáneo o una imitación: *café café; hombre hombre,* etc.

Requeteguapa.
Para dar énfasis a un adjetivo podemos servirnos de sufijos *(-ísimo/a)* o, como en este caso, de prefijos: *requete-* es un prefijo muy usual en el habla familiar para formar palabras del tipo: *requetebueno/a; requetetonto/a.* Es importante hacer notar al alumno/a que este prefijo es diferente de *re-,* el cual puede servirnos también para intensificar la cualidad: *rebueno/a, re guapo/a,* pero también para otras funciones como la repetición de una acción: *rehacer, reencontrar,* etcétera.

No pongas esa cara.
Con este imperativo negativo rechazamos la reacción mostrada por el interlocutor que puede ser de asombro, de disgusto, de alegría, etc. Será el contexto el que nos aclare cuál de estas reacciones ha tenido la otra persona.

¡Quién lo iba a decir!
Por medio de una exclamación y la perífrasis *ir a* + infinitivo expresamos que nadie antes hubiera podido imaginar una cosa igual. El docente puede ampliar esta construcción con otras similares que también tienen valor negativo o de incredulidad o de rechazo: *¡cómo iba hacer él una cosa así!, ¿por qué íbamos nosotros a mentirte ?*

Montando broncas.
Expresión coloquial para decir que la persona era crítica y discutidora, amiga de organizar escándalos. No hay que confundir *montar broncas* con *echar broncas* que significa regañar.

Yo alucino.
De nuevo la lengua hablada se nos presenta aquí con esta expresión, común entre los jóvenes para mostrar su sorpresa, tanto ante algo bueno como ante algo malo.

No te lo tomes así.
Con este otro imperativo negativo, la persona anima, aconseja a su interlocutor para que mantenga la calma y no se enfade o se ofenda. Sin duda, tras oír esto, sabemos que hay algo que no le ha gustado a su interlocutor.

Sugerencias

1. Los alumnos/as deben reconocer los usos y valores de los tiempos ya estudiados. Se ponen en columnas los tiempos y se les pide que coloquen en cada una la frase adecuada con su justificación correspondiente.
2. A continuación, pueden aventurar explicaciones para los usos nuevos. Más tarde contrastarán sus hipótesis con las de la gramática.
3. En diferentes tarjetas se escriben personajes y lugares de reencuentro. Se distribuyen entre los alumnos y, tras unos minutos de preparación, tienen que representar la escena. Deben incluir algunos de los elementos que aparecen en el diálogo.
4. A modo de juego: cada alumno/a empieza con diez puntos, por ejemplo. Se le entrega una frase de las que se quieren practicar. También se le entregan frases que corresponden a la situación en que se usarían las frases anteriores. Un alumno/a lee una frase que indica una situación y el que tenga la frase adecuada debe decirla, si no, pierde un punto.

Por ejemplo: alguien tiene *¡no pongas esa cara!* Un compañero/a dice a otro/a: *a Jenny le han dado un 10 en el examen.* Quien tenga *¡no pongas esa cara!* debe intervenir con su frase y añadir algo del tipo: *es que Jenny estudia mucho.*

ACTIVIDADES **1** y **2**:

Se pretende **interiorizar** por medio de la práctica contextualizada los elementos más destacables del *Pretexto,* mediante diálogos en los que la comprensión de los citados elementos hará que los estudiantes los empleen apropiadamente. Trabajarán en parejas durante cinco o diez minutos. El diálogo se leerá en voz alta una vez terminado. De nuevo se insistirá en la entonación, que será uno de los factores que dará credibilidad a los giros y frases hechas. Se realizará el control del ejercicio en grupo. Si se considera oportuno, se dará la posibilidad de crear un nuevo diálogo en el que los estudiantes deberán incluir las expresiones objeto de estudio.

ACTIVIDAD **3**:

Dolores Soler nos presenta en este fragmento de *Crónica del olvido* una situación parecida. Tras leer el texto, se podrían buscar los elementos diferentes y los que tiene en común con el diálogo primero: situación, personajes, información previa, reacciones, etc.

Si se considera oportuno, se puede hacer una serie de preguntas sobre lo que sabe Lala mientras espera a Rodrigo, sobre lo que recuerda de su infancia, sobre la razón por la cual Lala dice que se ha escapado del extranjero.

Como **elemento de cultura cotidiana** se podría hablar de nombres propios y diminutivos. Sin duda, los alumnos/as se seguirán sorprendiendo ante un Quico que corresponde a Rodrigo. ¿Por qué no dedicar un tiempo a que hablen de los nombres y diminutivos que conocen, su significado, y los comparen con los nombres de su país?

La última parte de esta sección pide a los alumnos/as que desarrollen una conversación telefónica para informar y aconsejar a Lala: se trata de convertir el estilo indirecto en directo. Es importante que la conversación telefónica sea lo más real posible.

El/la docente aprovechará para recordar a los alumnos los elementos que convierten una llamada telefónica en algo auténtico: identificarse, preguntar si se puede hablar con la persona, interesarse por las cosas del interlocutor, explicar la causa de la llamada... Es decir, no ir directamente al grano.

VAMOS A REFLEXIONAR

Esta sección **sistematiza** en esquemas los **contenidos gramaticales y funcionales** de la unidad, que ya han sido presentados anteriormente. El hecho de que esta sección se centre en los contenidos no implica que la presentación de los mismos se haga de una forma rutinaria y alejada de la práctica; por ello, haremos algunas sugerencias en este sentido. Es conveniente que el docente se ayude con la pizarra, el retroproyector y materiales adicionales.

El alumno/a no se acerca por primera vez a los pasados, por ello conviene que recuerde lo que ya sabe; de esa forma se dará cuenta de que los nuevos usos no contradicen ni entran en conflicto con lo que conoce.

Sugerencias

1. El/la docente debe explicar que en muchas zonas de España y de la América hispanófona se prefiere el uso sistemático del pretérito indefinido. Si los alumnos/as lo oyen y lo usan no deben tener conciencia de error, sino de uso diferente.
2. Como se puede comprobar, se dedica un gran espacio a las posibilidades del imperfecto. En nuestra opinión, lo que presentamos no son valores temporales sino expresivos, derivados del hecho de que el imperfecto no es tiempo que se oponga a los anteriores. Por ello sugerimos que se insista en que el imperfecto puede acompañar tanto al perfecto simple como al compuesto.

   Ejemplos: *Esta mañana, cuando me he levantado, llovía a cántaros.*
   Hace tres días, cuando me levanté, llovía a cántaros.

   Con el imperfecto nos referimos a lo que estaba ocurriendo, al fondo o decorado donde se destacan las acciones.

3. Es muy probable que los alumnos/as pregunten si también se puede usar *quisiera* como fórmula de cortesía. Por supuesto la respuesta es que sí. Sería el momento, si se considera oportuno, de recordarles que en este caso la terminación *-ra* no equivale a la terminación *-se.*
4. La última parte está dedicada a las diferencias entre *desde (que)* y *hace/hacía (que),* porque, como decíamos más arriba, esta confusión corre el riesgo de convertirse en error fosilizado.
   Escribimos en la pizarra estas fórmulas:

   ¿desde cuándo + presente?
   ¿cuánto tiempo hace que + presente / pretérito perfecto / indefinido?
   ¿cuánto tiempo llevas + gerundio / participio / otras posibilidades?
   ¿cuándo + presente / pasado / futuro?

   En una ronda que durará el tiempo que el docente crea oportuno, los alumnos se preguntan cosas reales que deben responderse adecuadamente.

También se debe insistir en la confusión provocada por esta regla: *para referirnos a un hecho futuro usamos dentro de.* La regla es cierta, pero no contempla la perspectiva de pasado; no podemos decir: *Llegué a Barcelona en abril y *dentro de* *tres meses encontré trabajo.* Por ello, se debe aprovechar cualquier narración de un hecho pasado para repasarla o corregirla.

VAMOS A PRACTICAR

En esta sección **consolidaremos e interiorizaremos,** aplicando las cuatro destrezas, los contenidos de la unidad mediante una serie de actividades que proponemos y que podrían experimentar variaciones sujetas a la creatividad.

ACTIVIDAD 1:

Se trata de una comprensión auditiva en la que se practica la narración de hechos pasados. Se presentan voces diferentes: niños y una persona mayor. La gramática en este caso está unida a la cultura: la cultura popular explica a su manera la magnificencia de la construcción del Acueducto de Segovia.

Antes de la audición se interroga a la clase sobre lo que saben del Acueducto de Segovia o de otros monumentos construidos por los romanos. Se pregunta si en su país existen restos de este pueblo y su civilización. Tras la audición, que se hará una o dos veces en función del nivel de la clase, se deja tiempo para que contesten a las preguntas. Esta fase se puede desarrollar de forma oral o escrita. Finalmente compararemos las respuestas con la solución correcta.

Sugerencia

Como tarea de equipo y para realizar fuera del aula, se puede distribuir entre los alumnos/as, divididos en grupos, información de otros monumentos romanos para que se los presenten a sus compañeros/as. Con la información y alguna foto se puede realizar un mural que se colgará en la clase.

ACTIVIDAD 2:

En ella queremos que los alumnos/as reflexionen en relación con el tiempo apropiado a cada situación. Los dos primeros diálogos se desarrollan entre amigos y, por lo tanto, el tono es informal y el tercero se desarrolla entre colegas aunque el tono sigue siendo el de una conversación espontánea.

ACTIVIDAD 3:

Esta es una actividad concebida para revisar los operadores que expresan relaciones temporales. Se puede realizar siguiendo las instrucciones o ampliando con detalles que *adornen* las respuestas. Ejemplo: *Porque hacía siglos que no se veían* y Silvia en ese tiempo había cambiado mucho, antes era revolucionaria y contestaría y ahora *es / era* una chica preocupada por la moda.

Si no se ha realizado lo sugerido en el punto 4 de las sugerencias para la gramática, se podría llevar a cabo ahora.

ACTIVIDAD 4:

Seguimos practicando los pasados. Ahora nos centramos, como en la audición, en hechos ocurridos hace mucho tiempo y que forman parte de la memoria de la abuela.

La dificultad añadida es que los alumnos/as deben ordenar esos fragmentos que están desordenados. Con ello demostrarán no sólo su adquisición del manejo de los pasados, sino también la de la lógica del discurso.

Sugerencias

1. Señalar los marcadores temporales que exigen el uso de un tiempo u otro: *hasta ahora, todavía, entonces, algún tiempo,* etcétera.
2. Señalar los casos en los que se presentan acciones pero sin que por ello avance la narración: *unos querían llamar por teléfono, otros hacían preguntas sin escuchar.* Con estos imperfectos se presenta un escenario de gente que se mueve sin ir a ninguna parte o que quiere hacer cosas, pero no sabemos si llega a hacerlas o no, motivo por el cual no se debe usar el pretérito simple. En cambio con *en fin, que se formó el clásico revuelo,* sí hemos llegado a alguna parte, ese hecho sí se ha realizado.
3. Señalar los operadores que sirven para ordenar las acciones: *en cuanto, por fin, enseguida, después...*
4. Contrastar los *ahora* que se refieren al presente de la abuela y los nietos: *ahora pienso; Y ahora dejadme en paz,* con el *ahora* que se refiere al presente de la narración: y *ahora pasaba una cosa así.* Este imperfecto nos confirma que es una especie de presente del pasado.

Ampliación por escrito

Los alumnos/as, en parejas o pequeños grupos, escriben una historia real o inventada. El/la docente, circulando por la clase, ayuda, sugiere, corrige. Una vez conseguido el texto definitivo se fragmenta, como en la actividad, y se entrega a otro grupo de compañeros/as que deben encontrar el orden original o justificar el que proponen.

ACTIVIDAD **5** y **6:**

La primera es una actividad libre y abierta aunque limitada al tema del cine. Los alumnos/as han trabajado ya con películas, sin duda han visto todas o casi todas las propuestas hasta aquí, y consideramos que es el momento de detenernos a hablar de cine.

Se realiza, en primer lugar, la comprobación del vocabulario relacionado con el cine. Para ello, el docente puede servirse de las palabras que aparecen en la unidad y ampliarlas si lo considera necesario. Una forma de hacerlo sería elaborar un pequeño test sobre las películas ya vistas.

Ejemplo: *¿Qué profesión tiene Carlos Saura? ¿Qué se hace para tener una película? ¿Dónde fue rodada «Fresa y chocolate»*? Una vez que los alumnos/as han comprendido la mecánica de las preguntas, ellos mismos pueden formulárselas a sus compañeros/as.

A continuación, los alumnos hablan tomando los papeles de las personas sugeridas en los bocadillos: alguien a quien no le gustan las aglomeraciones ni los follones; alguien que va al cine sólo el día del espectador; alguien que prefiere el vídeo...

La actividad 6 se puede realizar en primer lugar para que, cuando hablen, usen esas expresiones.

Por último, les pediremos que elijan una película y la cuenten de forma resumida. Será otra forma de practicar los pasados alternando con el presente narrativo.

SE DICE ASÍ Y ASI SE ESCRIBE

Esta sección presenta vocabulario derivado del uso del sufijo *-azo/a.*

ACTIVIDAD 1:

Se presentan de manera clara y breve todos los significados que este sufijo aporta a la palabra a la cual se une.

ACTIVIDAD 2:

Práctica de palabras con el sufijo que hemos explicado en el ejercicio anterior. Como las reglas de sufijación no están establecidas, proponemos que se haga una búsqueda de otros derivados, bien sea en los medios de comunicación, bien preguntando a hispanohablantes, bien intentando crearlos en clase.

Además de la lista que podemos crear usando las propuestas del *Libro del alumno* y el *Cuaderno de ejercicios,* proponemos:

1. **mano → manaza:** mano grande; ser manazas: ser torpe/poco hábil; **manotazo:** golpe dado con la mano.
2. **catarro → catarrazo:** catarro muy fuerte.
3. **puño → puñetazo:** golpe dado con el puño.
4. **puerta → portazo:** golpe dado con la puerta.
5. **freno → frenazo:** acto de frenar bruscamente.
6. **gol → golazo:** gol estupendo, de hermosa realización.
7. **nota(s) → notaza(s):** buenas notas.
8. **madre → madraza:** buena madre, incluso excesivamente protectora.
9. **padre → padrazo:** buen padre, incluso excesivamente permisivo.

A modo de juego

- **a.** Dividir a la clase en equipos y que cada equipo proponga palabras; los de los otros equipos deben *saber* si esas palabras admiten o no el sufijo -azo/a. Si se equivocan pierden puntos.
- **b.** Otra posibilidad sería decir en voz alta las palabras ya derivadas; el equipo que crea saber el significado levanta la mano; si es correcto se anota un punto, si se equivoca, no anota y tiene una oportunidad el otro equipo.

UN PASO MÁS

ACTIVIDAD 1:

En la unidad 2, los alumnos/as han trabajado con la película *Pajarico,* del mismo director. Antes de realizar esta audición, se les puede pedir que hagan una lista con las impresiones que sacaron de aquella cinta y con la imagen que tienen de Saura a través de la misma. A continuación, se pone la grabación una o dos veces, según lo requiera el nivel de la clase, y se completan los datos sobre su vida y su obra. Comprobamos si las soluciones propuestas por los alumnos/as son correctas.

Para terminar, se contrasta lo que los/las estudiantes habían dicho con lo expuesto en la audición. Sería muy interesante que se señalara si en las películas trabajadas se aprecian las influencias a las que se refiere la grabación: la afición a la música y a la pintura.

ACTIVIDAD 2:

Fragmento de la película *Taxi* de Carlos Saura.

Antes de la lectura

Lluvia de ideas en relación con el título de la película: ¿cuál creen que va a ser el tema de la misma? ¿Qué les sugiere la palabra *taxi?* ¿Cómo suelen reaccionar ante un suspenso importante? ¿Y sus padres?

Durante la lectura

En primer lugar, el texto tiene que ser leído por tres personas y, como siempre, haciendo hincapié en la entonación adecuada. Después, deben contrastar sus respuestas con lo que acaban de leer.

Por último

Ver en clase la película y analizarla. Contrastarán su contenido con las hipótesis iniciales sobre el tema y las sugerencias provocadas por el título. Podemos comparar y hacer un breve comentario de las dos películas de Saura que han aparecido en el libro.

Finalmente estableceremos un debate sobre los temas planteados por la película: racismo y extremismo, tomarse la *limpieza* por su mano, no todos los *cabezas rapadas* tienen que ser malas personas...

Ampliación por escrito

Si el docente lo considera necesario, puede pedir a los alumnos/as que resuman por escrito las ideas principales de esta película y los sentimientos e ideas que les ha provocado. De esta forma tendrán los elementos necesarios para una tarea de expresión escrita que no los dejará solos frente a la página en blanco.

ACTIVIDADES **3, 4, 5** y **6:**

En ellas se destacan frases hechas y su contenido pragmático funcional; se proponen prácticas para su asimilación e interiorización.

Sugerencia

Tras comprobar que los alumnos/as han comprendido el significado de estas expresiones, podemos pedirles que preparen ellos mismos situaciones para que sus compañeros/as reaccionen. Está demostrado que es en esos casos cuando se ve si realmente han captado la frase o expresión en su verdadero significado y el contexto para usarla.

Para que la práctica sea más real, proponemos que no sólo se haga la frase que se pide, sino que se mantenga un minidiálogo con un compañero/a. Se puede dar un ejemplo como el que sigue y dejar unos minutos para que se prepare. Después, debe representarse, no leerse.

Ejemplo:

△ *Mirad la moto que me he comprado de segunda mano,* ***¿a que es chula?***
○ *Sí, no está mal, pero yo prefiero las de cross.*
□ *Pues a mí me parece una pasada. ¿Y cuánto te ha costado?*

CUADERNO DE EJERCICIOS

Las actividades que se proponen en el *Cuaderno de ejercicios* responden, por un lado, a ejercicios que sirven de complemento a los propuestos en el *Libro del alumno* y, por otro lado, aportan nuevos contenidos a los ya desarrollados en la unidad correspondiente. Estos ejercicios podrán llevarse a cabo en casa como ejercitación complementaria que será posteriormente revisada en el aula o, por el contrario, podrán integrarse en el desarrollo didáctico de la unidad.

SOLUCIONARIO

LIBRO DEL ALUMNO

Pretexto

ACTIVIDAD **1**

A. 6; **B.** 3; **C.** 8; **D.** 4; **E.** 1; **F.** 2; **G.** 9; **H.** 7; **I.** 5.

ACTIVIDAD **2**

1. No pongas esa cara; **2.** Yo alucino; **3.** No te lo tomes así; **4.** ¡Qué cambiazo!; **5.** requeteguapa.

Vamos a practicar

ACTIVIDAD **1**

a. De la construcción milagrosa del Acueducto de Segovia; **b.** Porque el Acueducto debía ser construido en una sola noche; **c.** Al principio aceptó la ayuda del diablo, después se dio cuenta de que iba a perder su alma para siempre y se arrepintió; **d.** La protagonista pide ayuda a la Virgen, ésta escucha su oración y hace que el sol salga antes de que esté terminado el Acueducto. De esa forma el diablo no puede cumplir su promesa y la protagonista se salva.

ACTIVIDAD **2**

1. has tenido, había, me han llamado, estaba, has hecho, he tenido, he leído/había leído, he metido, he conseguido, parecía; **2.** ha venido, hemos pedido, quería, he ido, han dado, pensaba; **3.** iba a llamarte/te he llamado, quería, ha ocurrido, era, has llamado.

ACTIVIDAD **3**

1. Porque desde que no se veían Silvia había cambiado mucho/hacía mucho tiempo que Silvia y Alejandra no se veían y en ese tiempo Silvia había cambiado mucho; **2.** Sí, lo encontró al cabo de unos meses de haber terminado la carrera; **3.** Rodrigo y Lala no se veían hacía cuarenta y dos años; **4.** Aunque no se veían desde que eran niños Lala reconoció enseguida a Rodrigo.

ACTIVIDAD **4**

ha explicado, ha traído, ha habido; ha autorizado; llegó, había buscado, intentaba, podíamos, dimos, pasaba, confirmó, estaba, permitía; pasaste; había ido, era, había gustado, pasaba, sentía; estaba, había ido, pensamos, estábamos, éramos; estuvisteis, conseguimos, nos casamos; sentimos, querían, hacían, se formó, dejaron, empezaron. En cuanto al orden:

1.° (el señalado); 2.° Hasta ahora; 3.° Cuando, por fin; 4.° Abuela, ¿pasaste?

ACTIVIDAD **6**

1. D; **2.** E; **3.** F; **4.** G; **5.** B; **6.** A; **7.** C.

Se dice así y así se escribe

ACTIVIDAD **2**

golpazo - ojazos - buenazo - pisazo - tostonazo - estilazo.

SOLUCIONARIO

Un paso más

ACTIVIDAD **4**

1. ¿Qué os parece la moto? ¿A que es una pasada/chula/mola un montón?; **2.** ¡Vaya examen que nos ha puesto el de química! ¿A que ha sido fácil/estaba chupao?; **3.** Pedro es un aburrido, no le gustan las fiestas. ¿Vosotros lo habéis invitado? ¿A que no viene? Os apuesto cualquier cosa.

ACTIVIDAD **5**

1. Ya ves, me ha dado por volver a fumar; **2.** Me ha dado por ahí, a ver cuánto me dura la ventolera; **3.** Es que me ha dado por venir a ver personalmente por qué se llena un sitio donde hay tanto ruido.

ACTIVIDAD **6**

1. No te preocupes, ya llamarán, que no son unos niños. Te portas peor que ellos cuando tú eras pequeño/a; **2.** Ya encontrarás, mujer, no te desesperes; **3.** Tranquilo/a, ya llegará, ¿no ves que es muy temprano todavía?

CUADERNO DE EJERCICIOS

ACTIVIDAD **1**

1. no pongas esa cara; **2.** te lo tomes así; **3.** Yo alucino, de verdad; **4.** me estás dando el día; **5.** montando broncas; **6.** qué cambiazo; Quién lo iba a decir.

ACTIVIDAD **3**

a. La chica está de camarera en el bar de un pueblo de vacaciones; **b.** Ella quiere que él le cante una canción al oído; también quiere acostarse con él. Él quiere ir conociéndola mejor y también acostarse con ella; **c.** El primer paso lo da ella porque le pide la canción y, después, le dibuja un corazón en la espalda; **d.** No. Cuando él vuelve a buscarla al año siguiente no existe el bar, en su lugar hay un banco; **e.** Él se enfada, tira piedras al banco. La policía lo detiene. Se disculpa. Después se pone a escribir la canción en la habitación del hotel donde estuvieron juntos el año anterior.

ACTIVIDAD **4**

Antes yo (creer) ***creía*** que en la Costa del Sol siempre ***hacía*** buen tiempo, pero este año ***ha llovido*** casi todos los días. ¡Y qué sorpresa me he llevado con los chicos españoles! Yo (imaginar) ***imaginaba*** que eran bajitos y morenos y, sin embargo, los que he conocido (parecerse) ***se parecían*** a los de otros países porque ***hacen*** deporte, van al gimnasio, son altos y algunos, muy guapos. En cuanto a la vida, yo (pensar) ***pensaba*** que aquí todo ***era*** más barato, pero no hay mucha diferencia con los precios de mi país/con los precios del resto de Europa. Lo peor de todo (ser) ***es*** que yo (querer) ***quería*** hacer una cosa nueva, *trabacaciones,* es decir, una mezcla de trabajo y vacaciones, pero mis profesoras no son como yo ***imaginaba/pensaba/creía***: nos (hacer) ***hacen*** trabajar muchísimo todo el tiempo. Eso sí, siempre (estar) ***están*** de buen humor y, por eso, (aprender) ***estoy aprendiendo*** / ***aprendo*** mucho.

ACTIVIDAD **5**

1. Que estoy harto/a de hacer siempre lo mismo. Esto no es vida. De verdad, ¡me iba de aquí con un gusto...!; **2.** Buenos días, ¿podía hablar con la directora?/quería hablar con...; **3.** Fina, ¡qué casualidad! Iba a llamarte en este momento; **4.** Tenía un examen y se quedaría estudiando; **5.** ¿Este biquini no era tuyo? Es que estaba en mi bolsa.

ACTIVIDAD **7**

hacía, desde que, Desde, Al cabo de, hace.

SOLUCIONARIO

ACTIVIDAD **8**

follón, estreno, colas, me repatea (más coloquial), rollete (más coloquial), molan, muermo.

ACTIVIDAD **10**

1. ***Cuponazo***: premio gordo de la lotería diaria conocida como la ONCE. Este premio se da los fines de semana; **2.** ***Peñazo***: persona aburrida, pesada, poco sociable También se aplica a libros, películas conferencias, etc. aburridas; **3.** ***Medicamentazo***: denominación popular del decreto que incluía en una lista una serie de medicamentos cuyo precio no iba a ser financiado por la Seguridad Social; **4.** ***Garzonazo***: comportamiento del juez español Baltasar Garzón que pidió juzgar en España a Augusto Pinochet por sus crímenes en Chile; **5.** ***Carpetazo:*** acción de archivar un asunto que no se quiere airear públicamente. Viene de carpeta. Es como si se metieran los documentos en una carpeta y se olvidaran; **6.** ***Cerebrazo:*** un gran cerebro, persona inteligente.

ACTIVIDAD **11**

1. pelotazos: b. negocios rápidos y poco claros.
2. sablazo: a. cuánto dinero me pidió.
3. bombazo: a. la noticia sorprendente.

ACTIVIDAD **12**

1. ¡Lo que faltaba!; **2.** Pero ahora me ha dado por ir todos los días; **3.** Me han cargado en Filosofía; **4.** Ya vendrán mejores tiempos; **5.** ¿A que son chulas?

unidad 10 CADA UNO ES COMO ES, ¡QUÉ LE VAMOS A HACER!

Objetivos

En esta unidad el alumno/a recordará los usos y valores de los verbos *ser* y *estar* estudiados hasta ahora. En esta unidad se insiste en los casos en los que el uso de cada uno de ellos es obligatorio. Se ampliarán los recursos para describir y caracterizar con preposiciones y con frases hechas. Se incluyen los llamados verbos de cambio como recursos importantes para las citadas descripción y caracterización. En el vocabulario, se presentan los distintos valores derivados del sufijo *-ado/a*.

En cuanto a los valores pragmáticos de los elementos discursivos que aparecen en el fragmento de la película *Familia* de Fernando León, el alumno/a practicará las fórmulas para: enfatizar algo extraordinario, mostrar que el interlocutor insiste en algo ya aclarado, responder a una pregunta cuya respuesta es obvia y preguntar la razón por la que nuestro interlocutor ha hecho o dicho algo que no entendemos.

LIBRO DEL ALUMNO

PRETEXTO

El objetivo de esta sección es **presentar** los nuevos contenidos por medio de una canción muy conocida que trata de algo de lo que todos hemos hablado en algún momento: las supersticiones, y por medio de un texto literario sobre un tema muy próximo: la forma de ser y actuar de alguien diferente: Melquiades, el personaje de *Cien años de soledad.* Las muestras de lengua corresponden, por un lado, a un español estándar y coloquial peninsular y, por otro, al español más elaborado, propio de la literatura. En la canción se presentan contenidos gramaticales que se han estudiado ya: las frases condicionales y el imperativo para dar consejos y se presenta la razón para hacer algo con la fórmula: *ser por.* Esta canción es una forma divertida de empezar a caracterizar determinados comportamientos y actitudes usando diferentes recursos.

a. Los alumnos/as escuchan la grabación y tratan de completar la canción.
b. Se escucha una segunda vez si se considera necesario.
c. El/la docente resuelve las dudas de vocabulario que puedan plantearse.
d. El/la docente puede llamar la atención sobre algunos elementos léxicos o estructuras gramaticales.

ACTIVIDADES **1, 2** y **3:**

Presentamos un ejercicio cuyo objetivo es interiorizar los elementos más destacables del *Pretexto* por medio de la práctica contextualizada. En este caso, y con la excusa de la canción, definiremos a las personas supersticiosas. Podemos también proponer la definición de otros grupos de personas (personas que trabajan en los países en vías de desarrollo renunciando a su vida cómoda, personas que practican deportes de alto riesgo, cabezas rapadas...).

Aprovecharemos la oportunidad para contar supersticiones propias de otros países o poco conocidas por los demás.

ACTIVIDAD **4:**

Gabriel García Márquez (ver biografía en la unidad 3, *Pretexto,* de esta guía) nos presenta en este fragmento de *Cien años de soledad* la descripción de un personaje extraordinario. Los alumnos/as deben buscar, tras leer el texto, los sinónimos que se les piden. De esa forma ampliarán el vocabulario de la definición. Además, el texto se puede trabajar de esta forma:

Características de Melquíades	
Normales	Mágicas

Tus características	
Normales	Mágicas

El toque de humor lo pueden poner los personajes del final, a los cuales les podemos atribuir cualquier tipo de actitud, costumbre, etcétera.

VAMOS A REFLEXIONAR

Esta sección **sistematiza en esquemas** los contenidos gramaticales y funcionales de la unidad los cuales ya han sido presentados anteriormente. El hecho de que esta sección se centre en los contenidos no implica que la presentación de los mismos se haga de una forma rutinaria y alejada de la práctica; por ello, haremos algunas sugerencias en este sentido. Es conveniente que el/la docente se ayude con la pizarra, el retroproyector y materiales adicionales.

El alumno/a no se acerca por primera vez a los usos de *ser* y *estar* por ello conviene que recuerde lo que ya sabe: de esa forma se dará cuenta de que los nuevos usos no contradicen ni entran en conflicto con lo que conoce.

Sugerencias

1. En primer lugar, repasar los usos ya vistos de estos dos verbos. Para ello, el docente puede servirse de las frases presentadas en la unidad, o bien ampliarlas. Si ha trabajado el *Pretexto,* podrá sacar conclusiones con sus alumnos que escribirá en la pizarra o en una transparencia: ¿cuándo hemos usado *ser?,* ¿cuándo hemos usado *estar?,* ¿qué otros recursos hemos necesitado para definir? Podemos también recordar lo estudiado en la unidad 6, donde también se define a las personas. Con la lista de casos obligatorios de *ser* y *estar* en la mano, sugerimos que, entre todos, se amplíe la lista de ejemplos corrigiendo y reflexionando ante los errores.
2. Otra sugerencia es que no se usen explicaciones como: ***ser*** *se usa para lo que no cambia* o ***estar*** *se usa para lo no permanente.* Estas explicaciones inducen a error porque los alumnos/as tienden a la sobregeneralización posterior. En su lugar proponemos hablar de comparar el sujeto (de persona o cosa) consigo mismo en otro momento.
3. Llamamos la atención sobre los casos de *definiciones y generalizaciones.* Ello permitirá al docente aclarar a sus estudiantes que se puede decir, por ejemplo, *pasar muchas horas al ordenador* ***es cansado.*** No expresamos un estado, **definimos.**

4. Por último, en relación con los llamados verbos de cambio hemos hecho un resumen destacando aquello que los caracteriza más: la forma en que se construyen y su significado más general. Para su práctica sugerimos, además de los ejercicios propuestos en el *Libro del alumno* y en el *Cuaderno de ejercicios,* hacer una lista de adjetivos y buscar los verbos con los que se podrían acompañar. A continuación, habría que hacer frases y minidiálogos para usarlos contextualizadamente.

VAMOS A PRACTICAR

En esta sección **consolidaremos e interiorizaremos,** aplicando las cuatro destrezas, los contenidos de la unidad mediante una serie de actividades que proponemos y que podrían experimentar variaciones sujetas a la creatividad.

ACTIVIDAD **1:**

Se trata de una comprensión auditiva: una entrevista al actor Pere Ponce. El actor habla de su personaje en la obra de teatro *El hombre elefante.* Se podría aprovechar esta circunstancia para hablar de las diferencias entre cine y teatro, con lo cual estaríamos practicando de nuevo la descripción y caracterización.

Antes de la audición

Se pregunta a la clase cómo imaginan a un hombre elefante; también se les pide un posible tema para una obra de teatro que lleve ese título y después se compara con lo que dice el actor.

Después de la audición

Tras la audición, que haremos una o dos veces dependiendo del nivel de la clase, se deja tiempo para que contesten a las preguntas. Esta fase se puede desarrollar de forma oral o escrita. Compararemos las respuestas con la solución correcta.

El vocabulario destacado en los dibujos se podrá comentar antes o después de la audición. Proponemos hacerlo después para dar a los estudiantes la oportunidad de deducir el significado.

Ampliación

Como tarea de equipo y para realizar fuera del aula, se puede pedir a los estudiantes que hagan una entrevista a sus compañeros/as de otros grupos sobre los mismos temas: *pobre y enamorado o rico y sin compromiso; amores eternos sí o no; un vicio* y *una utopía...*

ACTIVIDAD **2:**

Si se hace la entrevista a un compañero/a, habrá que decidir primero qué personaje va a ser y por qué es famoso. Aquí se puede dejar libertad a la imaginación de nuestros alumnos/as para que elijan un personaje inventado por ellos.

ACTIVIDAD **3:**

En ella queremos que se completen las frases famosas con *ser* o *estar,* pero además, nos gustaría que después se comente el contenido de alguna de ellas, que se amplíe o se parafrasee. Para ello el/la docente puede hacer preguntas que lleven a los alumnos/as a reflexionar y a expresarse de un modo más formal.

Por ejemplo, *¿qué quiere decir eso de que alguno se ahorra el pensar?*, *¿a quién se refiere esta frase?*

ACTIVIDAD **4:**

Ésta es una actividad concebida para seguir practicando los usos de *ser* y *estar* y las descripciones con las preposiciones *con* y *de.*

Llamamos la atención sobre el valor despectivo que puede tener la construcción *tanto* + sustantivo singular.

ACTIVIDAD **5:**

Se trata en este caso de adjudicar las características de las frases hechas a lo descrito en cada situación.

Llamamos la atención sobre el valor irónico negativo del adjetivo *guapo.* Forma parte de esa costumbre del español de usar elementos positivos para criticar o decir algo negativo para alabar o mostrar la intimidad de la relación.

Sugerencia

Lo que proponemos para la ampliación de esta actividad es que se divida a la clase en pequeños grupos; cada grupo debe tener esas frases u otras que se estudien en clase. Los miembros de cada equipo piensan en situaciones a la manera en que se han presentado en el *Libro del alumno;* los del equipo contrario tienen que usar la expresión apropiada.

Se puede convertir en un juego si se dan puntos por cada reacción correcta.

ACTIVIDAD **6:**

Se trata de una actividad semilibre en la que los alumnos/as pueden reaccionar casi espontáneamente, pero usando una construcción en la que aparezca un verbo de cambio. Recomendamos que se lean los diálogos, dando la entonación correcta a cada frase.

ACTIVIDAD **7:**

En esta actividad, que va a encaminada hacia el debate, se plantean dos temas polémicos. Ambos van acompañados de comprensión auditiva y comprensión lectora.

En ambos casos se puede abordar el tema de una forma parecida:

a. Se pone en la pizarra la palabra *enchufe* y se pide a los estudiantes que digan todo lo que les sugiere.

b. A continuación, se escucha lo que un oyente ha dejado grabado en el contestador de la emisora de radio.

c. Se aclaran las posibles dudas de vocabulario y se comenta la opinión del oyente.

d. Se lee el fragmento de Francisco Gavilán y se compara con lo que se ha expuesto en la clase.

e. Por último, escribimos en columnas el vocabulario del texto relacionado con los ámbitos de *enchufe: eludir colas, acelerar trámites, aprobar la subvención,* etc., y se pide a los alumnos/as que expliquen las situaciones en las que esas expresiones son necesarias.

En el segundo caso podemos introducir una variante:

- **a.** Escribimos dos columnas con *títulos sí, títulos no.* Cada alumno/a debe manifestar su opinión y razonarla.
- **b.** Después se escucha lo que cuenta la oyente, se lee el texto y se entabla el debate.
- **c.** Al igual que con el texto anterior, se resumen las opiniones y se trata de llegar a una conclusión que se puede poner por escrito en casa para otro día.

SE DICE ASÍ Y ASI SE ESCRIBE

Esta sección presenta vocabulario derivado del uso del sufijo *-ado/a.*

ACTIVIDAD **1:**

Se presentan de manera clara y breve todos los significados que este sufijo aporta a la palabra a la cual se une.

ACTIVIDAD **2:**

Proponemos una actividad en la que el alumno/a aplicará lo que ha visto y entendido sustituyendo expresiones por palabras derivadas con el sufijo.

ACTIVIDAD **3:**

Ejercicio inverso al inmediatamente anterior: dadas las palabras derivadas, los alumnos/as deben deducir su significado apoyándose en el contexto. Como las reglas de sufijación no están establecidas, proponemos que se haga una búsqueda de otros derivados, bien sea en los medios de comunicación, bien preguntando a hispanohablantes, bien intentando crearlos en clase.

Además de la lista que podemos crear usando las propuestas del *Libro del alumno* y el *Cuaderno de ejercicios,* proponemos:

1. *guarro* → *guarrada*: acto sucio, propio de un guarro, entendido en sentido literal como en sentido figurado: hecho para causar daño a alguien; aquí podemos incluir los vulgarismos: *cabronada, putada.*
2. *español / americano* → españolada/americanada: comportamiento propio de gente de esos países. Tienen ambos un valor de crítica al comportamiento estereotípico.
3. *naranja* → *naranjada:* refresco hecho a base de naranja.
4. *sartén* → *sartenada:* lo contenido en una sartén; puede ser el nombre de un plato hecho a base de huevos, chorizo y papas.
5. *cuchillo/puñal* → cuchillada /puñalada: golpe dado con el cuchillo o el puñal.
6. *granizo* → *granizado:* refresco hecho con hielo que tiene aspecto de granizo.
7. *granizo* → *granizada:* gran cantidad de granizo caído de una sola vez.
8. *cacerola* → *cacerolada:* acción de salir a la calle haciendo sonar las cazuelas o cacerolas en señal de protesta por algo.

UN PASO MÁS

Fragmento de la película *Familia* de Fernando León.

Antes de la lectura

El título de la película puede darnos pie para hablar de nuestro concepto de la familia, y comentar aquel dicho que reza: *a los amigos puedes elegirlos, a la familia, no.* ¿Les gustaría elegir a los miembros de la familia? ¿Qué tipo de familia creen que va a presentar la película? ¿Conocen una familia típicamente española? ¿Es muy diferente a su propia familia?

Durante la lectura

En primer lugar, el texto tiene que ser leído por varias personas y, como siempre, haciendo mucho hincapié en la entonación adecuada. Después, deben contrastar sus respuestas con lo que se acaba de leer.

Por último

Ver en clase la película y realizar un análisis de la misma. Contrastaremos su contenido con las hipótesis iniciales sobre el tema y las sugerencias provocadas por el título. Propondremos un debate sobre los temas planteados por la película: las relaciones familiares, la soledad, el engaño, el valor del dinero...

Ampliación por escrito

Si se considera necesario, se puede pedir a los alumnos que, para la próxima clase, resuman las ideas principales de esta película y los sentimientos e ideas que les ha provocado. De esta forma tendrán los elementos necesarios para una tarea de expresión escrita que no los dejará solos frente a la página en blanco.

ACTIVIDADES **1, 2** y **3:**

En ellas se destacan frases hechas y su contenido pragmático funcional y se proponen prácticas para su asimilación e interiorización. Tras comprobar que los estudiantes han comprendido el significado de estas expresiones, podemos pedirles que preparen ellos mismos situaciones para que sus compañeros/as reaccionen. Está demostrado que es en esos casos cuando se ve si realmente han captado la frase o expresión en su verdadero significado y el contexto para usarla.

Fernando León. *Director y guionista de cine (Madrid, 1968)*

Presentó su primer largometraje, *Familia,* en el Festival de cine de San Sebastián. A la anterior le suceden las películas: *Barrio* (Concha de Plata en la dirección, Festival de Cine de San Sebastián), *Los Lunes al sol* (Premios Goya a la mejor película, dirección y actuación, 2002) y *Princesas.*

CUADERNO DE EJERCICIOS

Las actividades que se proponen en el *Cuaderno de ejercicios* responden, por un lado, a ejercicios que sirven de complemento a los propuestos en el *Libro del alumno* y, por otro lado, aportan nuevos contenidos a los ya desarrollados en la unidad correspondiente. Estos ejercicios podrán llevarse a cabo en casa como ejercitación complementaria que será posteriormente revisada en el aula o, por el contrario, podrán integrarse en el desarrollo didáctico de la unidad.

SOLUCIONARIO

LIBRO DEL ALUMNO

Pretexto

ACTIVIDAD**1**

a. si se cruza un gato negro; **b.** Con la escalera y el trece; **c.** cruza los dedos; **d.** mejor deshaces tu equipaje; **e.** Cuando es viernes si alguien tira la sal.

ACTIVIDAD **2**

1. ***el golpe definitivo:*** zarpazo final; **2.** ***enorme:*** descomunal; **3.** ***manchado y brillante por el uso: patinado***; **4.** ***oler como hacen los perros:*** husmear; **5.** ***constante:*** tenaz; **6.** ***echar al suelo:*** derribar; **7.** ***arruinado, dañado:*** estragado; **8.** ***destruir, causar grandes daños:*** asolar; **9.** ***triste, sombrío:*** lúgubre; **10.** ***entretenido, liado:*** enredado.

Vamos a practicar

ACTIVIDAD **1**

a. Pretende conmover y emocionar Además con las pinceladas de humor, pretende que el público sonría; **b.** Es una obra de teatro dramática en la que se presenta a un hombre injustamente maltratado; **c.** No cree que dos personas puedan amarse eternamente; **d.** Como confusamente simpático, lo cual le parece muy retorcido; **e.** Lo admira mucho, (no se dice en la audición); **f.** Su vicio ducharse y su utopía, ver a la gente por la calle sonriendo y silbando.

ACTIVIDAD **3**

1. Estamos, es; **2.** son; **3.** es; **4.** está; **5.** es.

ACTIVIDAD **4**

1. estás, es, es; **2.** de, es, con, de, están, con; **3.** del, del, de; **4.** Estás, estoy, con, con, con, con, estoy.

ACTIVIDAD **5**

a. ¡Chico! Estás a la que salta; **b.** Imagino que debe de estar que muerde; **c.** Con vosotros no se puede, sois unos muermos; **d.** No me extraña, es que Marta es de lo que no hay; **e.** Estoy hasta las narices de que nadie me escuche en esta casa; **f.** Escucha, guapo tú no eres el ombligo del mundo, ¿eh?, aquí eres uno más.

ACTIVIDAD **6**

1. Tú, ¿qué crees? Me pongo furioso/a, como una fiera; **2.** Es obvio, ¿no? Que se ha vuelto española / se ha convertido en una española más; **3.** Chico, desde que te has vuelto / te has hecho tan importante... **4.** llegarás a ser rica y famosa; **5.** se hizo autónoma; **6.** ¿No lo ves?, porque no reacciona. Se queda mudo...; **7.** se está convirtiendo en uno de los autores que más vende.

Se dice así y así se escribe

ACTIVIDAD **2**

nevada; aniñada; ojeada; marranada; alambrada .

ACTIVIDAD **3**

1. A; **2.** B; **3.** B; **4.** A.

Un paso más

ACTIVIDAD **2**

Damos algunas frases a modo de ejemplo:

1. Sí, muchísimas. Me trajeron flores y todo.
2. Pues sí, te abre las puertas, te deja pasar, te pone el abrigo y todo.

ACTIVIDAD **3**

1. ¡Y dale! ¿No te he dicho que la comida no está todavía?; **2.** ¡Y dale! Te he dicho mil veces que sí, ¡qué pesado eres!

SOLUCIONARIO

ACTIVIDAD **4**

1. ¿Qué va decir? Que gracias; **2.** ¿Quién va a ser? Yo. ¿O es que esperas a otra persona?

ACTIVIDAD **5**

1. ¿A qué viene eso ahora? ¿No estabas muy contento/a hace unos días?; **2.** ¿A qué viene no querer visitar a los abuelos? Desde luego, cada día estás más raro/a.

CUADERNO DE EJERCICIOS

ACTIVIDAD **1**

1. B; **2.** A; **3.** E; **4.** F; **5.** D; **6.** C.

ACTIVIDAD **3**

1. Se enrede; **2.** Derribarlo; **3.** Asolar; **4.** Descomunal; **5.** Ladran; **6.** Lúgubres; **7.** Tenaz; **8.** Zarpazos.

ACTIVIDAD **4**

1. Estés, estoy, es; **2.** Estoy, es; **3.** Estoy, soy, está, está; **4.** Estás, es, estamos; **5.** Es, estoy, es, es.

ACTIVIDAD **5**

1. De; **2.** De /con, de; **3.** Con /de, con; **4.** Con, de; **5.** De, de, de, con, con.

ACTIVIDAD **8**

1. Se ha vuelto; **2.** Llegaría a ser; **3.** Se pusieron, se quedarían; **4.** Se ha convertido en; **5.** Se pone, se haya hecho.

ACTIVIDAD **11**

1. A cucharadas; **2.** Salpicón; **3.** Bobadas; **4.** Chorrada; **5.** Una pedrada; **6.** Una paletada.

ACTIVIDAD **12**

1. No ves; **2.** De eso nada; **3.** Champán y todo; **4.** ¡Y dale!; **5.** ¿Qué va a ser?

unidad 11 AQUÍ SE VIVE MEJOR

Objetivos

En la unidad 11 el alumno/a entrará en contacto con la voz pasiva construida con *ser* y *estar*. Estudiará reglas sencillas para su uso y recursos para evitarla. En relación con el uso de la voz pasiva, presentamos también algunas formas de impersonalidad: las construcciones con *se*, las construcciones en tercera persona de plural y las construcciones en segunda persona de singular. Una tira cómica de Quino sirve para introducir los temas de integración y racismo. Se presenta un texto de la escritora Sandra Cisneros, para quien el idioma es una forma de aferrarse a las raíces.

En el vocabulario se presentan expresiones formadas, o bien por palabras muy conocidas pero agrupadas esta vez de otra manera y por ello con un significado nuevo, o bien palabras que pueden tener significados diferentes.

Dentro de los valores pragmáticos de los elementos discursivos aparecidos en el fragmento de *Como agua para chocolate*, el alumno/a practicará las fórmulas para: reprochar con incredulidad una actitud, hacer una pregunta que rechaza o critica las intenciones del otro y prevenir una posibilidad no deseada.

Dado que el fragmento elegido pertenece a una película mexicana, el alumno/a ampliará su conocimiento del vocabulario de este país.

LIBRO DEL ALUMNO

PRETEXTO

El objetivo de esta sección es **presentar** los nuevos contenidos por medio del contraste entre dos tipos de textos: por un lado, el fragmento de un ensayo que habla con ironía de las ventajas de España: país preferido por Dios, y por otro, los recortes de revistas del corazón que contienen noticias reales e imaginarias. Las muestras de lengua corresponden por tanto a la lengua escrita. En el primer texto, no obstante, se usa un español muy coloquial que lo acerca a la lengua hablada en la Península. Los fragmentos de las revistas del corazón emplean un lenguaje muy común y hacen referencia a personajes de moda en el momento.

- **a.** Los alumnos/as escuchan la grabación o leen el primer texto.
- **b.** El/la docente resuelve las dudas de vocabulario que puedan plantearse.
- **c.** Los alumnos/as escuchan la grabación o leen de nuevo.
- **d.** Se lee el texto insistiendo en la entonación para acentuar la ironía. El/la docente puede llamar la atención sobre algunos elementos léxicos o estructuras gramaticales.
- **e.** Para terminar esta sección, se propondrá un comentario del contenido de este fragmento señalando la forma en que el autor consigue transmitirnos la ironía.

En esta sección, además, se **llama la atención** sobre el uso y significado de **algunas frases hechas** que aparecen destacadas en letra negrita y que después serán objeto de práctica en el ejercicio que acompaña; estamos convencidos de que son especialmente útiles en los intercambios orales y que su conocimiento es imprescindible para que el alumno/a se comunique como lo haría un nativo. Como siempre, sugerimos a los docentes procedentes de otros países de habla hispana que cambien las expresiones que se dan o incluyan las que dirían si los estudiantes estuvieran en su país.

Creemos que, para que se entiendan y asimilen el uso y el significado, es fundamental que los elementos conversacionales sean explicitados en contextos determinados y que la explicación sea una descripción clara y precisa sobre **cómo, cuándo y para qué** se usan:

Ser el ojito derecho de alguien.

Se usa para explicar por qué una persona tiene ciertos privilegios frente a los demás. La razón es que es el preferido o preferida de quien otorga tales privilegios. En algunos casos la preferencia mostrada por *el ojito derecho* no va acompañada de privilegios especiales, sólo de muestras de afecto.

Ser la guinda de algo.

Expresión coloquial que hace referencia a la fruta que culmina la decoración de algunos pasteles y significa remate, final.

No ser para menos.

Esta expresión indica que la reacción que ha tenido alguien es adecuada, existen motivos que la justifican.

Ser/Resultar la repera.

Expresión coloquial que indica que algo o alguien es extraordinario, fuera de lo común. Suele usarse para elogiar, pero a veces, lo encontramos refiriéndose a algo o alguien negativo.

ACTIVIDADES **1** y **2**:

Actividades centradas en los elementos discursivos destacados en negrita en el texto. Tienen por objetivo interiorizar los elementos léxicos y discursivos más destacables del *Pretexto.* En la primera actividad los alumnos/as buscarán el significado de dichas expresiones. En la actividad 2 completarán las situaciones dialogadas con estas expresiones. Trabajarán en parejas durante cinco o diez minutos y realizaremos el control del ejercicio en grupo.

Sugerencias

1. Se señalarán todas las construcciones con *ser* y *estar* y se intentará establecer diferencias entre ellas. A continuación, se pueden aventurar explicaciones para estas frases. Más tarde se contrastarán estas hipótesis con las de la gramática. Se puede aprovechar la ocasión para repasar los casos en que es obligatorio construir con *ser* o *estar.*
2. El docente puede seleccionar algunas de las frases que le parezcan más rentables y pedir a los estudiantes que creen otras. Por ejemplo:

   Es sabido que ... + frase en indicativo. *Fue colocado/a en el centro del mundo. Se ha llegado a* + infinitivo, etcétera.

3. Se pide a los alumnos/as que, una vez comprendidas las expresiones, atribuyan esas características a otras situaciones o personajes.

ACTIVIDAD **2**:

Proponemos una actividad cuyo objetivo es interiorizar por medio de la práctica contextualizada los elementos más destacables del *Pretexto,* mediante diálogos en los que la comprensión de los citados elementos hará que los alumnos/as los empleen apropiadamente. Trabajarán en parejas durante cinco o diez minutos. El diálogo se leerá en voz alta una vez terminado. De nuevo se insistirá en la entonación que será uno de los factores que dará credibilidad a los giros y frases hechas de nuestros estudiantes. Realizamos el control del ejercicio en grupo.

ACTIVIDAD **3:**

Sugerimos que se proceda con los textos de las revistas tal y como hemos trabajado con el texto de Andrés Sopeña. Tras la lectura y el análisis léxico y gramatical tratarán de diferenciar las noticias falsas de las verdaderas.

ACTIVIDAD **4:**

Para terminar esta sección, plantearemos un debate relacionado con las preguntas propuestas en esta actividad.

Si el/la docente lo considera oportuno, puede introducir información cultural y hablar de los miembros de la familia real española, de la dieta mediterránea, de los cantantes españoles y latinoamericanos, etcétera.

VAMOS A REFLEXIONAR

Esta sección **sistematiza en esquemas** los contenidos gramaticales y funcionales de la unidad. El hecho de que esta sección se centre en los contenidos no implica que la presentación de los mismos se haga de una forma rutinaria y alejada de la práctica; por ello, haremos algunas sugerencias en este sentido. Es conveniente que el/la docente se ayude con la pizarra, el retroproyector y materiales adicionales.

El alumno/a se acerca por primera vez a la pasiva, por ello, conviene que recuerde lo que ya sabe, es decir, las construcciones con *ser* y *estar,* es así como empezamos la sección: reflexionando sobre lo conocido.

Sugerencias

1. Es muy importante que los alumnos/as comprendan que las construcciones con *ser* expresan una acción. Lo que resulta pasivo es el sujeto, no el verbo en sí mismo. Hay que insistir también en que las frases con el presente o el imperfecto de *ser* expresan costumbre o acción que se desarrolla en el momento de hablar.
2. Aunque siempre se dice que la pasiva es un recurso fundamentalmente escrito, hemos elegido ejemplos pertenecientes a la lengua hablada que demuestran que esta construcción no es tan literaria como se suele afirmar.
3. En cuanto a *estar,* nuestra insistencia se centra en algo que tiene en común con otras construcciones con adjetivo: expresa el resultado de una acción anterior.
4. En caso de que se plantee la duda ¿es lo mismo *está prohibido* que *fue prohibido?,* debemos aclarar que en ambos casos la acción de prohibir ha terminado, es pasada. La diferencia es que, con *está prohibido,* la prohibición sigue vigente y *fue prohibido* no nos dice si esa prohibición es válida hasta hoy. Por eso, *estar* + participio expresa la duración del resultado, informa del estado actual del sujeto.

5. En cuanto a las fórmulas para evitar la pasiva, presentamos dos de gran rentabilidad. Proponemos que, para ampliar la práctica, se lleven a clase periódicos en los que se subrayarán las construcciones pasivas y se intentarán cambiar por otras en las que se anteponga el complemento directo.
6. Asimismo, sugerimos al docente que insista en la diferencia entre las construcciones impersonales de tercera persona de plural y las de segunda persona del singular. Cualquier texto oral procedente de la televisión, o escrito procedente de la imitación del habla coloquial, incluirá ejemplos que pueden ampliar los presentados aquí.

VAMOS A PRACTICAR

En esta sección **consolidaremos e interiorizaremos** –integrando, en la medida de lo posible, las cuatro destrezas– los contenidos de la unidad mediante una serie de actividades.

ACTIVIDAD **1:**

Se trata de un ejercicio en el que se da información cultural sobre España e Hispanoamérica. Para obtenerla hay que completar los textos con una forma correcta de *ser* o *estar.* Se puede aprovechar la ocasión para recordar que durante el franquismo no existió texto constitucional. También podemos presentar la vida y/o obra de alguno de los autores de habla hispana mencionados.

ACTIVIDADES **2** y **3:**

Proponemos dos actividades para que los alumnos/as reflexionen sobre las construcciones pasivas y la forma de evitarlas. Para ello, en la actividad 2, tienen que transformar una serie de frases presentadas en minidiálogos orales en frases propias del lenguaje periódistico. En la actividad 3 se les pide lo contrarío: dado un texto periodístico, deberán dar la información de forma oral.

ACTIVIDAD **4:**

Esta es una actividad concebida para practicar las construcciones impersonales. No obstante, se pueden aprovechar los temas introducidos en cada minidiálogo para comentarlos en clase.

ACTIVIDADES **5** y **6:**

Ambas están centradas en la comprensión lectora en primer lugar y en la expresión oral a continuación. El texto en que habla Susanita sobre sus opiniones acerca del racismo debe trabajarse subrayando la ironía. Los estudiantes deben captar el mensaje que nos quiere hacer llegar Quino, el autor de los dibujos. También se les puede pedir que escriban en un bocadillo lo que está pensando Mafalda mientras oye a Susanita.

El texto de Sandra Cisneros habla del idioma como fórmula para sentirse arraigada en el país de origen. Antes de leerlo haremos una lluvia de ideas con todo lo que sugiera la palabra *idioma,* otra con lo que sugiera la expresión *mi propio idioma,* y otra con *hablar inglés.* Después de la lectura contrastaremos el texto con las lluvias de ideas previas, responderemos a las preguntas planteadas y comentaremos lo que la autora quiere decir con este texto.

Sandra Cisneros. Escritora (Chicago, 1954)

Hija de madre méxico-americana y de padre mexicano, su infancia, junto a seis hermanos varones, transcurre entre Chicago y Ciudad de México sin que, como se puede ver en *La casa de Mango Street,* jamás haya tenido tiempo de sentar raíces. Su situación de niña nacida en un cruce cultural, su condición de mujer, el amor, la opresión y la religión son los temas que aparecen en su obra. Obra que, anclándose en la realidad, se sitúa entre la ficción y la poesía. Ha publicado *La casa en Mango Street, My Wicked Wicked Ways, El arrullo de la llorona y otros cuentos, Woman Hollering Creek and Other Stories* y *Loose Woman, Caramelo,* etc. Ha sido merecedora de diversos premios, como el Lannan Literary Award, entre otros.

ACTIVIDAD **7:**

Se trata de una comprensión auditiva en la que varias personas exponen su opinión sobre vivir o no en otros países distintos al suyo. Antes de la audición se presentan los personajes que van a opinar: un chico español de 21 años, estudiante de informática; una profesora española de 40 años; un veterinario suizo de 44 años; una jubilada belga de 67 años y una prejubilada holandesa.

Se pide a los alumnos/as que adivinen cuáles van a ser las respuestas de estas personas a la pregunta de si les gustaría marcharse a vivir a otro país. Una vez hechas las hipótesis escuchamos la grabación. Después de la audición, se pide un resumen de cada una de las posturas y se compara con lo que se había imaginado. Se destacan los puntos de vista que más han llamado la atención de los estudiantes y éstos explican por qué. A continuación, se procede a la exposición de sus opiniones.

SE DICE ASÍ Y ASÍ SE ESCRIBE

En esta sección **se presentan expresiones** formadas por palabras muy conocidas pero agrupadas esta vez de otra manera y por ello con un significado nuevo, o bien palabras que pueden tener significados diferentes.

ACTIVIDAD **1** y **2:**

En la primera los alumnos/as deben deducir el significado de las expresiones propuestas apoyándose en el contexto y evitando el uso del diccionario. En la segunda actividad practicamos estas expresiones.

UN PASO MÁS

ACTIVIDAD **1:**

En primer lugar, leemos el fragmento de la película. A continuación se comentan las expresiones mexicanas que incluye. En tercer lugar, se comenta la costumbre familiar que obliga a una hija a no casarse para cuidar a su madre. Si es posible, se amplía la lectura de este fragmento y se presenta la obra de Laura Esquivel (ver *Guía,* unidad 12, *Pretexto).*

Por último, vemos en clase la película y la analizamos.

Ampliación por escrito

Si se considera necesario se puede pedir a los alumnos que, para la próxima clase, resuman las ideas principales de esta película y los sentimientos e ideas que les ha provocado. De esta forma tendrán los elementos necesarios para una tarea de expresión escrita que no los dejará solos frente a la página en blanco.

Alfonso Arau. *Director de cine (México D.F., 1932)*

Ha trabajado en varias películas como actor y, además de *Como agua para chocolate* (Ariel de Oro de la Academia de México en 1992), ha dirigido otras películas como *El Águila Descalza* (Ariel de Oro en 1972), *Mojado Power, Zapata...*

ACTIVIDADES **2, 3, 4** y **5:**

En ellas se destacan frases hechas y su contenido pragmático funcional y se proponen prácticas para su asimilación e interiorización.

CUADERNO DE EJERCICIOS

Las actividades que se proponen en el *Cuaderno de ejercicios* responden, por un lado, a ejercicios que sirven de complemento a los propuestos en el *Libro del alumno* y, por otro lado, aportan nuevos contenidos a los ya desarrollados en la unidad correspondiente. Estos ejercicios podrán llevarse a cabo en casa como ejercitación complementaria que será posteriormente revisada en el aula o, por el contrario, podrán integrarse en el desarrollo didáctico de la unidad.

SOLUCIONARIO

LIBRO DEL ALUMNO

Pretexto

1.– a. 3; **b.** 4; **c.** 1; **d.** 2.

2.– 1. no es para menos; **2.** es la repera; **3.** es el ojito derecho de; **4.** es la guinda.

3.– La noticia falsa es la que habla de la dieta mediterránea.

Vamos a practicar

1. 1. fue, era, fue, ha sido; **2.** estaba, fue; **3.** ha sido, está, han sido, han sido, ser.

2. 1. Un hombre fue asesinado a sangre fría ... (sugerimos que se añadan más detalles); **2.** Durante el Tour de Francia varios corredores y sus entrenadores han sido acusados de dopaje; **3.** Unas monjas de Guadalajara están vigiladas constantemente por la policía para que... (sugerimos que se añadan más detalles).

3. 1. ...en su país a los padres se les respeta más que aquí y se enfada cuando oye que a los chinos se les considera exóticos; **2.** Los policías nacionales vigilan la calle... / La calle por la que pasará la comitiva la vigilan constantemente; **3.** Se detuvo y se devolvió a sus países a los inmigrantes (...) que defiende la mayoría de los países...

4. 1. Me llaman, llamen, pusieron, pusieron; **2.** Te pasas, te quite, esperabas; **3.** Se sigue, se mantiene, se almuerza, se trabaja / trabajas, se come / comes, se sirven, se sale / sales; **4.** Aprecian, han obligado, han dicho.

Se dice así y así se escribe

1. 1. ***Ni mucho menos:*** no tienes que hacer eso / nada de eso; ***Para allá:*** donde tú estás; **2.** ***Allá tú:*** es asunto tuyo / es responsabilidad tuya; **3.** ***Nada menos:*** es una cantidad importante.

SOLUCIONARIO

4. ***Guapísimo y todo:*** aunque sea tan guapo; **5.** ***Después de todo:*** a pesar de que pueda parecer caro / a pesar de eso que has dicho; **6.** ***Precisamente:*** en el momento exacto/justo a tiempo; **7.** ***Precisamente:*** todo lo contrario.

ACTIVIDAD **2**

1. F; **2.** C; **3.** D, B; **4.** H, A.

Un paso más

ACTIVIDAD **3**

1. Parece mentira que no hagas caso al médico...; **2.** No me lo puedo creer, parece mentira que, precisamente tu, no sepas conducir...; **3.** Parece mentira que os hayáis vuelto a equivocar/hayamos caído en el mismo error...

ACTIVIDAD **4**

1. ¿Qué quieres? ¿Que nos achicharremos? / ¿Que nos gastemos el sueldo en calefacción?; **2.** ¿Qué quieres? ¿Que pierda las amistades con ella? / ¿Que me eche de su casa?; **3.** ¿Qué quieres? ¿Ser un ignorante toda tu vida? / ¿Aprender sin hacer ningún esfuerzo?

ACTIVIDAD **5**

1. Vamos a llamarlo por el móvil no vaya a ser que se preocupen / no vayan a empezar sin nosotros; **2.** Baja un poco la música no vayan a venir los vecinos otra vez / no vaya a ser que protesten los vecinos; **3.** Yo lo llamaría no vayan a olvidarse del vino y nos quedemos sin él.

CUADERNO DE EJERCICIOS

ACTIVIDAD **2**

1. es guay; **2.** he sentido debilidad por; **3.** como quien dice; **4.** es la repera; **5.** es / ha sido la guinda; **6.** es tu ojito derecho; **7.** no es para menos.

ACTIVIDAD **3**

1. los aspirantes; **2.** haciéndose pasar por; **3.** generados; **4.** han secuestrado, su banda.

ACTIVIDAD **5**

1. ***hizo gala:*** presumió de; **2.** ***se ha cerrado en banda:*** se niega a cambiar de opinión; **3.** ***otorga:*** está de acuerdo.

ACTIVIDAD **6**

1. Están, estás; **2.** Está / ha sido (creemos que sería más usual la primera posibilidad); **3.** Será; **4.** Estará; **5.** Ha sido, está / ha sido, esté; **6.** Ser, ha sido, está; **7.** Estar, son; **8.** Son, ser.

ACTIVIDAD **7**

1. Se envidia; **2.** Tienes (más coloquial)/se tiene (más general), te consideras, necesitas; **3.** Se dice/dicen, me metieron, se tenga, se quede.

ACTIVIDAD **9**

1. Se ha alterado, lo sufre, se define / está definido, se la presenta; **2.** Se puede, es recogida; **3.** Es acusada, la llaman, se (le) dice, se la considera; **4.** Se usa, se sabe, se quiere, se usa/es usado (menos frecuente).

ACTIVIDAD **10**

1. me ha dejado tirado; **2.** no tendrías el mote de; **3.** me he puesto morado/a; **4.** fue acatada; **5.** ha sido refrendada; **6.** ha sido galardonada.

ACTIVIDAD **11**

1. B; **2.** A; **3.** A; **4.** B; **5.** A.

ACTIVIDAD **12**

Damos un ejemplo, pero hay muchas más posibilidades:

1. A Antonio que hoy se va de viaje, no vaya a dormirse y pierda el avión. **2.** ¿No vas a trabajar? ¿Qué quieres? ¿Qué el dinero te caiga del cielo? **3.** ¿Y ahora te enteras? Parece mentira que no te hayas dado cuenta antes. Todo el mundo lo comenta.

unidad 12 ¡YO NO HE DICHO ESO!

Objetivos

En la unidad 12 el alumno/a entrará en contacto con los pronombres, tanto en su función de sujeto como en la de complementos. En lo referente al sujeto, se presentan en esta unidad los casos en los que la presencia o ausencia del mismo es vital para la transmisión de un mensaje comprensible. Por otra parte, se estudian los complementos directo e indirecto con sus siginificados y funciones, así como su posición en la frase. Por último, se amplía lo estudiado en la unidad 11 con respecto a las construcciones impersonales con *se,* incluyendo las llamadas pasivas reflejas desde el punto de vista de su uso práctico.

Por otra parte, y para contextualizar el uso de los pronombres, el alumno/a podrá conocer al escritor Juan Madrid en uno de sus *Cuentos del asfalto.*

En el vocabulario, se presentan verbos que cambian de significado cuando se les añaden pronombres y verbos que al tomar un pronombre también exigen el uso de una preposición.

En cuanto a los valores pragmáticos de los elementos discursivos que aparecen en el fragmento de *Alma gitana,* el alumno/a practicará fórmulas para: protestar porque no se cumple la última posibilidad que me quedaba como recurso, disuadir de una actitud que no nos gusta en nuestro interlocutor, justificar y contradecir de forma enfática un consejo recibido. Dado que la película presenta la forma de hablar de los gitanos, el alumno/a ampliará su conocimiento sobre algunos aspectos de su pronunciación.

LIBRO DEL ALUMNO

PRETEXTO

El objetivo de esta sección es **presentar** los nuevos contenidos por medio del contraste entre dos tipos de textos: por un lado, un cómic en que se representa la conversación entre una pareja que empieza amablemente y termina en discusión, y por otro, un fragmento de la novela *Como agua para el chocolate* de Laura Esquivel. Las muestras de lengua corresponden por tanto a la lengua oral y a la lengua más elaborada, propia de la literatura. El texto escrito recoge algunas expresiones ahora en desuso, pero que debían de ser comunes en el momento y en el lugar en que fueron escritos.

a. Los alumnos/as escuchan la grabación o leen el primer texto.
b. El/la docente resuelve las dudas de vocabulario que puedan plantearse.
c. Los alumnos/as escuchan la grabación o leen de nuevo.
d. Se lee el diálogo insistiendo en la entonación para conseguir los matices, primero amorosos y luego de abierta pelea. El/la docente puede llamar la atención sobre algunos elementos léxicos o estructuras gramaticales.
e. Para terminar, se propondrá un comentario del contenido de este fragmento señalando cómo y por qué se ha llegado a la situación final.

Sugerencias

1. Se señalarán los pronombres que aparecen en los diálogos y se recordará su función; pueden ser clasificados en pronombres sujeto, complementos directo e indirecto. A continuación, se intentará explicar por qué en algunos casos aparece el sujeto y en otros, no: *te quiero / yo te quiero más,* etcétera.

2. La chica dice: *es obvio que las mujeres queremos más.* Si se considera oportuno, se puede ampliar esta afirmación, con buen humor, eso sí, a otras obviedades: *Es obvio que las mujeres lloran más; es obvio que los hombres os quejáis más,* etc. Puede resultar una lista divertida.
3. Si se ha llevado a cabo la sugerencia anterior, se podrá enseñar a los alumnos a convertir en insultos las obviedades anteriores: *llorar mucho → llorón/a; quejarse mucho → quejica,* etcétera.

ACTIVIDAD 1:

Laura Esquivel nos presenta en este fragmento de *Como agua para chocolate* la receta del noyó. Los alumnos/as podrían comentar, tras leer el texto, los temas que aparecen en él: la comida, el miedo a la madre, la importancia del qué dirán que sirve a Tita para introducir la receta.

Sugerimos que se proceda de la misma forma que en el primer texto.

Como elemento de cultura se podría hablar de algunos mexicanismos: *platicar,* el uso de *mamá* en lugar de *madre* y aquellos que el docente considere oportunos.

Laura Esquivel. *Escritora (México D.F., 1950)*

Especialista en teatro para niños, guiones cinematográficos y telenovelas, hasta que conoció el éxito internacional con *Como agua para chocolate* (1992). Posteriormente ha publicado otras novelas, como *La ley del amor, Tan veloz como el deseo,* entre otras.

ACTIVIDAD 2:

Tal y como hemos propuesto para el primer texto, en esta actividad los alumnos/as tratarán de clasificar los pronombres que aparecen en el fragmento de *Como agua para chocolate.*

Para terminar la sección, los estudiantes deben presentar una receta de su país de forma oral o escrita. Si se considera oportuno, se les puede pedir que lo hagan asociada a algún recuerdo o acontecimiento de su vida, imitando la forma en que lo hace la autora mexicana.

GRAMÁTICA

Esta sección **sistematiza en esquemas** los contenidos gramaticales y funcionales de la unidad. El hecho de que esta sección se centre en los contenidos no implica que la presentación de los mismos se haga de una forma rutinaria y alejada de la práctica; por ello, haremos algunas sugerencias en este sentido. Es conveniente que el/la docente se ayude con la pizarra, el retroproyector y materiales adicionales.

El alumno/a ya ha estudiado los pronombres de manera superficial en otros niveles. Ahora pretendemos ampliar y profundizar ese conocimiento.

En primer lugar, nos acercamos a los pronombres sujeto. Queremos demostrar que la afirmación que asegura que éstos no son necesarios en español no es del todo verdadera. Por ello empezamos esta sección con una serie de minidiálogos a los que les falta el sujeto. Los alumnos/as deben percibir lo que supone la ausencia del citado sujeto. Si no es así, se les dan las reglas a continuación.

En el apartado siguiente se estudian los cambios de significado producidos cuando los pronombres de complemento se anteponen al verbo.

A continuación, se amplía lo estudiado en la unidad 11 sobre construcciones impersonales con *se,* añadiendo las llamadas pasivas reflejas desde el punto de vista de su uso práctico: *dar instrucciones con carácter general; no explicitar quién es el responsable de la acción, expresar involuntariedad.*

Por último, se presentan los valores del complemento indirecto.

Sugerencias

1. Recomendamos que se haga reflexionar a los estudiantes sobre los sujetos y su presencia obligatoria. Para ello el docente puede recortar anuncios de prensa y llevarlos a clase para trabajarlos como en la introducción.

2. Les pediremos que comparen los ejemplos de los complementos antepuestos con las frases de los complementos pospuestos y que hablen sobre las diferencias que perciben.
3. En el tercer apartado analizamos las pasivas reflejas. A los alumnos/as les puede parecer lo mismo que lo estudiado en la unidad anterior. Por ello, conviene decir que la diferencia importante se establece con los sujetos. Si nos referimos a un sujeto plural, el verbo estará en plural: *esas cosas se sienten, se saben.* Si nos referimos a un sujeto singular, el verbo va en singular: *eso no se dice, eso no se hace, ese vaso se ha caído.* En las frases impersonales no hay sustantivo al que referir el verbo, por ello va en singular: *se condenó a los dos exministros.* Quizá sería el momento de decir a los alumnos/as que *sujeto es la palabra que concuerda con el verbo, aunque no realice la acción.*
4. Sugerimos que estas reglas aparentemente tan teóricas se presenten con ejemplos cotidianos sacados de la publicidad, las conversaciones, etcétera.
5. Por último, nos acercamos al complemento indirecto. Los alumnos/as desde el nivel 1 lo conocen, sobre todo, asociado a verbos como *gustar.* Ahora les presentamos los matices que puede añadir a una frase. *Se **me** olvidaron los libros.* El c. indirecto dice quién es el verdadero responsable del olvido. En *No me tires esos papeles, que los necesito. No pensaba tirártelos,* aparece dando un matiz de interés personal o diciendo de quién son los papeles, es decir, tiene un valor posesivo. Y en *No me confundáis por y para,* representa el interés de la persona que habla.

VAMOS A PRACTICAR

En esta sección **consolidaremos e interiorizaremos,** aplicando las cuatro destrezas, los contenidos de la unidad mediante una serie de actividades que proponemos y que podrían experimentar variaciones sujetas a la creatividad.

ACTIVIDADES **1** y **2:**

En la primera presentamos un fragmento del cuento de Juan Madrid *Profesión peligrosa.* Sugerimos que el título no se dé hasta haber realizado la actividad 2. El texto recoge la conversación que mantienen un niño pequeño y su madre. Hablan del novio de la madre, del cariño que ella siente por él y de si éste es mayor que el que siente por su hijo. El hecho de haber eliminado los pronombres –no todos– mostrará su importancia en la comprensión de un mensaje.

Completarán el texto con los pronombres necesarios y corregiremos la actividad en grupo.

Sugerencias

1. Una vez realizado el trabajo de completar los pronombres que faltan, proponemos que se lea en clase el diálogo, tratando de dar la entonación correcta a cada intervención.
2. Se puede pedir que se haga un resumen del contenido del fragmento o que se enumeren sus temas: qué le preocupa al niño, qué le preocupa a la madre, de qué hablan, etc.
3. Es de destacar el uso del indefinido en la conversación entre madre e hijo: *¿jugaste bien?, ¿dónde fuiste?, ¿cuándo te dijo...?, ¿te lo enseñó?,* en contraste con el pretérito perfecto del principio: *ya te lo he dicho.*
4. Si es posible, y tras la realización de la actividad 2, se podría leer en clase el cuento completo.

Juan Madrid. *Escritor (Málaga, 1947)*

En 1973, tras haber desarrollado todo tipo de trabajos, entró en el mundo del periodismo y comenzó a escribir novelas, relatos, guiones de cine y televisión... De entre sus últimas publicaciones destacamos *Días contados, Crónicas del Madrid oscuro, Cuentas pendientes, Restos de carmín, Tánger,* entre otras.

ACTIVIDADES **3, 4** y **5:**

La actividad 3 es una comprensión auditiva que describe qué es un *chindogu*. Sin haberla oído no tiene sentido realizar la actividad 4. El vocabulario que se señala en el recuadro se puede buscar antes de la audición o intentar que se deduzca después de haber oído la grabación dos veces.

La tercera pregunta es fundamental para realizar la actividad 5. En ella se pide que los estudiantes inventen sus propios *chindogus* pero, claro está, según las reglas dadas por su inventor. Los demás deberán controlar si se cumplen esas normas y decidir después cuál es el invento más original.

Esperamos que el espíritu lúdico que impregna estas actividades se mantenga hasta el final, a la hora del premio, y estudiantes y docente den la vuelta alrededor de la clase.

ACTIVIDADES **6, 7** y **8:**

Estas actividades también están relacionadas. Todas ellas tienen que ver con la comida. En la actividad 6 se propone un debate sobre las afirmaciones que aparecen en los dibujos y sobre la importancia de tener buena figura o comer bien sin pensar en las calorías.

Sugerencia

Los alumnos/as se pueden dividir en pequeños grupos que repesentan cada una de las afirmaciones hechas. A continuación, se entabla un debate en el que cada cual defiende sus posturas con argumentos; éstos han podido ser preparados previamente. Los alumnos/as podrán aportar ejemplos de la gastronomía de su país para defender su postura y los que conozcan la comida de otros países deberán ilustrar a sus compañeros con ejemplos.

La actividad 8 será un buen complemento al trabajo anterior. Continuamos hablando del mismo tema mediante un ejercicio de comprensión oral. Tras escuchar la grabación los alumnos/as contestarán a las preguntas. Por último expondrán su postura, a favor o en contra de Antonio Muñoz Molina (Ver *Guía,* unidad 8, *Así se dice y así se es-cribe).*

SE DICE ASÍ Y ASÍ SE ESCRIBE

En esta sección se presentan verbos que se comportan de forma especial al recibir pronombres: unas veces forman un nuevo bloque con significado distinto. Otras, al construirse con pronombre, necesitan una preposición y, además, cambian de signifi-cado.

ACTIVIDAD **1:**

Los/las estudiantes tratarán de buscar los verbos que han cambiado de significado por los pronombres apoyándose en el contexto. Los relacionarán con las expresiones que aparecen en el recuadro de la derecha. A continuación completarán el diálogo con dichas expresiones. Podemos ampliar esta lista con otros verbos de este tipo.

ACTIVIDAD **2:**

Se presentan nuevos verbos, en este caso que no sólo cambian de significado con los pronombres sino que además exigen una preposición. Completarán el diálogo por parejas y realizaremos el control de la actividad en grupo.

Para comprobar si han entendido el significado y uso de estos verbos, les pediremos que escriban diálogos en casa dejando espacio para que sus compañeros/as los completen.

UN PASO MÁS

La película *Alma gitana* presenta a un grupo de gitanos que viven en una gran ciudad a medio camino entre la modernización de sus costumbres y la tradición. En el fragmento que se ha seleccionado aparecen las hijas hablando con la madre.

Antes de leer el fragmento

a. Lluvia de ideas sobre los temas de conversación de las hijas con la madre.
b. El papel del padre y de la madre en una familia gitana.

Después de leer el fragmento

a. Contrastar con lo dicho anteriormente.
b. Ampliar la información sobre la familia gitana y sus costumbres.

ACTIVIDAD **1:**

Antes de la lectura

En primer lugar trataremos de contestar a la pregunta inicial. En una lluvia de ideas recogemos los posibles temas de conversación de las hijas con la madre. Los estudiantes hablarán de lo que saben de la vida de lo gitanos y les plantearemos una pregunta: ¿Cuál es el papel del padre y de la madre en una familia gitana?

Durante la lectura

Los alumnos/as leerán el texto con la entonación adecuada.

Después de la lectura

Contrastar con lo dicho inicialmente. Podemos ampliar la información sobre la familia gitana y sus costumbres y comentar lo que más ha llamado la atención de las intervenciones de cada una de las mujeres y si les parece correcto que los padres decidan cualquier cosa sobre la vida de los hijos.

Por último veremos en clase la película y la analizaremos.

Ampliación por escrito

Si se considera necesario, se puede pedir a los/las alumnos que, para la próxima clase, resuman las ideas principales de esta película y los sentimientos e ideas que les ha provocado. De esta forma tendrán los elementos necesarios para una tarea de expresión escrita que no los dejará solos frente a la página en blanco.

Chus Gutiérrez. *Directora de cine (Granada, 1962)*

En 1993 actuó en *Los amigos del muerto.* Ha dirigido varios cortos: *Porro on the roof, Snikers of fire, Merry go round* y *La cinta dorada.* Su primer largometraje es de 1992, *Sublet.* Desde entonces ha dirigido *Sexo oral, Alma gitana, Insomnio, El Calentito,* etcétera.

ACTIVIDADES **2, 3, 4** y **5:**

En ellas se destacan frases hechas y su contenido pragmático funcional, y se proponen prácticas para su asimilación e interiorización. Tras comprobar que se ha comprendido el significado de estas expresiones, se pide que se preparen situaciones para que los demás reaccionen.

CUADERNO DE EJERCICIOS

Las actividades que se proponen en el *Cuaderno de ejercicios* responden, por un lado, a ejercicios que sirven de complemento a los propuestos en el *Libro del alumno* y, por otro lado, aportan nuevos contenidos a los ya desarrollados en la unidad correspondiente. Estos ejercicios podrán llevarse a cabo en casa como ejercitación complementaria que será posteriormente revisada en el aula o, por el contrario, podrán integrarse en el desarrollo didáctico de la unidad.

SOLUCIONARIO

LIBRO DEL ALUMNO

Pretexto

ACTIVIDAD **2**

Complementos indirectos que van con verbos del tipo de gustar: ***Le faltaba***; ***le quedara***; ***le inquietaba***; Complementos indirectos que repiten el complemento que ya está en la frase: ***Llevarle el chisme a su mamá***; ***le recordó a Paquita***; Construcciones impersonales con se: ***Se procede a*** ...; Construcciones con ***se*** con sujeto de cosa: ***Este licor*** (suj.) ***se fabrica; se pelan; se quebrantan; se ponen*** (las almendras, suj.); ***se han desleído*** (dos libras, suj.); **se** añaden (cuatro onzas, suj.) ***se forma; se filtra*** (la mezcla, suj.)

Hay dos pronombres indirectos más: **le** proporcionó; se **le** añaden.

Vamos a practicar

ACTIVIDAD **1**

te lo, te, acariciándo**le**, te, dí**melo**, lo / le, di**me**, te, me, te, él, lo, se lo, se nos, te, te lo, me lo, te, abrazándo**la**, yo, yo, te, tú le / lo, sonreír**le**, le / lo, mí, tú, él, ti, él, me, yo.

ACTIVIDAD **3**

El inventor de los ***chindogus*** fue Kenji Kawakami; se puso de moda en los años 80 mediante un cómic donde aparecían sus marcianas ideas»; se sabe que es un ***chindogu*** si el objeto es casi inútil; si es real y tangible; si se proponen acabar con la utilidad conservadora; tienen que ser objetos cotidianos, poco complicados; no se pueden vender, tienen que tener una mezcla de humor y utilidad; no hay detrás de ellos ninguna ideología.

ACTIVIDAD **4**

Enfriador de alimentos: Fabricarlo, se, se, incorporarlo, lo; **Mano cortadora**: Se, se, la, se, se; **Zapatillas limpiadoras**: Se, los, los, se, se; **Sombrero antialérgico**: Los, se, nos, los, fabricarse, los.

Se dice así y así se escribe

ACTIVIDAD **1**

Te la estás buscando: estás poniendo en peligro algo importante; ***Jugársela:*** arriesgarse a recibir un castigo; ***Que se las arreglen:*** que resuelvan solos sus problemas.

Arreglártelas, te la has jugado, me la estoy buscando.

ACTIVIDAD **2**

Resuelva, me presto a, te acuerdas, me acuerdo, acordamos, prestarle, resolver, se resuelve a.

Un paso más

ACTIVIDAD **4**

Damos un ejemplo, pero hay muchas más posibilidades:

1. ¡Qué carácter! Ya ni con regalos / ya ni haciéndole regalos el señor se pone contento.
2. ¡Esto es el colmo! Ya ni estando en la propia casa se puede hacer lo que uno/a quiere.
3. Estoy desesperado/a. Ya ni con una dieta / ni dejando de comer consigo adelgazar.

ACTIVIDAD **5**

1. Oye, guapa, aquí no vengas presumiendo de tus notas, que en la vida hay otras cosas.
2. Hans, ¿otra vez? A mí no me vengas con tus quejas, que no tienes motivo para eso;
3. ¡Jo, tíos! No os paséis. Aquí no vengáis amenazando al personal, ¿vale?

ACTIVIDAD **6**

1. Si es que es un pesado; **2**. Si es que no sé dónde ponerlos; **3**. Si es que no me duermo / no me entra el sueño...

CUADERNO DE EJERCICIOS

ACTIVIDAD **1**

¿Es que siempre has de ser tú...? El futuro es exclamativo. Sí, por ejemplo el agua o la temperatura han bajado al mínimo.

Sirve para dar una equivalencia, para interpretar lo que el otro ha querido decir. Ya sirve para decir que han oído pero no están de acuerdo.

ACTIVIDAD **2**

1. al máximo; **2**. sólo por; **3**. o sea; **4**. siempre has de ser tú; **5**. serás zoquete.

ACTIVIDAD **3**

A. 4; **B**. 3; **C**. 2; **D**. 6; **E**. 1; **F**. 5.

ACTIVIDAD **4**

1. Ya lo haré / ya lo terminaré; **2**. Ya lo veremos; **3**. Ya podía yo; **4**. ¡Anda ya!; **5**. Ya te irán mejor las cosas; **6**. Ya me parecía a mí.

ACTIVIDAD **5**

1. de refilón; **2**. se exponía a; **3**. cuentes los chismes; **4**. Sólo faltaba eso; **5**. chismes tenéis; **6**. exponéis; **7**. proceden de; **8**. procederemos a/se procederá a; **9**. no faltaba más.

ACTIVIDAD **6**

1. Se interpone, se estropea, se le llama; **2**. Se las obliga, se (le) puede; **3**. Se debe, se sabe, se tomen, se comparen, considerarse / ser considerado, se tutea, se comparte; **4**. Lavarse, se cuelen, se les considera, tomarse.

ACTIVIDAD **7**

1. Yo, se, te la, la, se, tú.; **2**. Decirle, la, díselo, tú, tú, yo, me, se, yo; **3**. Ellas, las, (yo) las, los, las, las, lo, échalas, reciclarlas, tú, lo, me, desprenderme, las, las.

ACTIVIDAD **8**

Damos un ejemplo, pero hay muchas más posibilidades:

1. No me las toques ni me las cambies de sitio que luego no las encuentro; **2**. Se me cierran los párpados, es que me muero de sueño; **3**. No me hables, es que se me abrió el bolso y se cayó todo al suelo y, claro, se ha mojado; **4**. Pues que se me han olvidado las llaves en casa y como no hay nadie, aquí estoy, esperando; **5**. Bueno, vale, pero no me la rompáis, que es un recuerdo de la abuela.

ACTIVIDAD **9**

A. 6; **B**. 4; **C**. 5; **D**. L; **E**. 2; **F**. 3.

ACTIVIDAD **10**

1. ¡Vaya corte!; **2**. Aquí no vengas con; **3**. Ya ni; **4**. Estoy hasta el mismísimo moño; **5**. Si es que; **6**. meterla con calzador; **7**. Os las apañéis.

unidad C REPASO

Objetivos

El objetivo fundamental de esta unidad es la revisión y control de los contenidos y habilidades adquiridos a lo largo de las unidades 9, 10, 11 y 12. Creemos que es una buena manera de que el alumno/a adulto sepa en qué punto del proceso de aprendizaje se encuentra y pueda así controlar su propio proceso.

Son varias las maneras de proceder para llevar a efecto las actividades que se proponen en esta unidad.

a. Las alumnos/as realizan los ejercicios en casa y el día acordado se lleva a cabo el control, primero, en parejas, y después, en grupo.
b. Se utiliza como ejercicio de control que será corregido y evaluado por el profesor/a.
c. Se programa una clase especial de revisión de contenidos y se desarrolla cada uno de los ejercicios sin que sea necesario un trabajo previo por parte de los alumnos/as.

El profesor/a decidirá cuál de los procedimientos sugeridos es el idóneo para el contexto docente en que se encuentre y tendrá en cuenta también las preferencias de los alumnos/as.

La tipología de actividades que se propone es similar a la aparecida a lo largo del resto de las unidades, por lo que no creemos necesario hacer ninguna observación en cuanto a procedimientos didácticos en esta unidad de revisión.

SOLUCIONARIO

ACTIVIDAD **1**

1. ¡Qué cambiazo!, No es para menos, le ha dado por ahí, No me vengas con, no te lo tomes así; **2.** Vaya corte, meter la pata, De eso nada, ¡Y dale!, no vayas a; **3.** me puse / nos pusimos morados, estaba que mordía.

Sugerencias

Trabajar el vocabulario extra que aparece y que puede resultar interesante:

Chocar: sorprender;
Pasa lo que pasa: se usa, en general, para referirse a cosas negativas;
Cualquiera diría que...: se podría creer al oírte que Francisco es ...
Andarse con ojo: ser prudente, tener cuidado.
No dejar ni las migas: comérselo todo.

ACTIVIDAD **2**

hizo, dio, hizo, olvidó, Pasaron, se ponían, morían, se llenó, tenían, seguían, clamaban, llegaron, vio, era, había, planeado, sintió, estaba, había, salido, llamó, se, encargara, *vio, había,* moría, Hizo, lloviera, fue, pudieron, se convirtió, estaba, corrieron, había acabado.

Sugerencias

Comentar en clase este tema: ¿qué pasaría si fuéramos inmortales?

Recordar los casos de subjuntivo: ***hacer que; para que.***

Recordar la leyenda de la unidad 9.

ACTIVIDAD **3**

es, se pone, es/se ha convertido en, se volverá, quedándose, soy, están, es, ponerse, estará, llegar a ser, se convierten en, estamos, es, estoy, me pongo.

Sugerencia

Escribir una comparación semejante con algún miembro de la familia o con algún amigo.

ACTIVIDAD **4**

1. estilazo, **2**. ojeada, latazo, **3**. una pasada, burradas, **4**. cochazo, gozada.

ACTIVIDAD **5**

1. de, de, del ; **2**. con, con; **3**. con, de; **4**. con.

ACTIVIDAD **6**

ser, ser, estarán, ser (si queremos referirnos al trabajo diario: procesoVestar (si nos referimos a nuestras ideas ya preparadas: resultado), ser, será, ser (si nos referimos al trabajo diario: proceso estar (si nos referimos al trabajo preparado: resultado).

Ahora, completa con los pronombres adecuados.

se les, les, se, se te, te / lo, los, te los, se les.

¿Estáis de acuerdo con todos estos consejos?

Sugerencia

Entre todos, tratad de añadir otros consejos a los dados en este ejercicio.

ACTIVIDAD **7**

1. se les mira, Dicen (no me incluyo en la generalización) / se dice (me incluyo en la generalización); **2**. te gusta, vas, quieres; **3**. manipulan, se crea, llegas; **4**. te das, tienes; se dedica.

ACTIVIDAD **8**

1. tú; **2**. lo; **3**. las, tú, lo; **4**. Los, ella, te, lo, tú; **5**. lo, tú, lo, lo, tú, lo, tú, melo.

Sugerencia

Una vez terminado el ejercicio, reflexionad sobre la función y los porqués de esos pronombres. ¿Podéis añadir otros anuncios recientes? Podéis buscarlo en los periódicos o en la televisión.

ACTIVIDAD **9**

1. se me ha quemado; **2**. se les; **3**. se me han perdido, se te habrán olvidado; **4**. se me cierran, se acabe.

ACTIVIDAD **10**

1. y todo, Precisamente, te las arreglas, después de todo; **2**. se la están buscando, allá ellos ¡Ni mucho menos!, **3**. acordaron / se acordó (con valor impersonal), precisamente, Nada menos, me presto, me la juego.